힘을 다하여
주님을 섬기라

이 소중한 책을

특별히 _____님께

드립니다.

김장환 목사와 함께
주제별 설교 · 성경공부 · 예화 자료

· · ·

힘을 다하여
주님을 섬기라

나침반

목차

1. 서론 • 11

    1. 가정에 대한 이해
    2. 하나님께서 원하시는 가정
    3. 아름다운 가정을 가꾸기 위한 부모와 자녀의 노력
    4. 가족들이 다른 종교를 믿거나
       또는 아무 종교도 믿지 않을 때
    5. 가정에서 신앙 문제로 부딪히는 일이 발생할 때

2. 섬김에 대한 설교 • 19

    1. 자녀를 이렇게 양육하라!
    2. 자녀 교육의 책임
    3. 아버지의 모습
    4. 네 부모를 즐겁게
    5. 어린아이들을 안고

3. 섬김에 대한 성경공부 • 93

    1. 예수께서 방문하신 가정들
    2. 구원의 역사가 일어났던 가정
    3. 어려운 문제가 해결되었던 가정
    4. 병 고침의 역사가 일어났던 가정
    5. 주님을 영접하고 섬겼던 가정

4. 예화 • 113

서문

    가정은 하나님께서 이 땅에 세우신 최초의 기관입니다. 아담을 창조하신 하나님께서는 곧바로 돕는 배필 하와를 지으셔서 가정을 이루셨습니다. 아담이 홀로 지내는 것이 하나님께 좋지 않게 보였던 것이 가정을 통하여 해결되었으며, 가정의 기쁨을 맛본 아담도 "이는 내 뼈 중의 뼈요 살 중의 살이라"(창 2:23)라며 가정의 존재를 극찬하였습니다. 한 마디로 가정은 하나님과 인간을 동시에 만족시키는 기관이었습니다.

    그 가정이 죄로 말미암아 파괴되고 깨어졌지만 예수 그리스도께서 오심으로 인하여 다시 회복하게 되었습니다. 주님은 문제가 있는 가정마다 방문하셔서 그들의 문제를 해결하시고 본래의 가정으로 회복시켜 주셨습니다. 가나의 혼인 잔치에서, 야이로의 집에서, 마리아의 집에서, 그리고 죽은 나사로의 집에서 주님은 그분의 주권을 나타내셔서 가정이 가정되게 하셨습니다. 한 마디로 가정은 주님께서 다스리실 때 지상에 있는 하나의 작은 천국입니다.

    그렇다면 가정을 통하여 지금도 하나님의 일을 이루기 원하시는 주님께 대한 우리 가정의 모습은 어떠한지 곰곰이 생각해 봅시다.

이 책은 다음과 같이 크게 세 부분으로 구성되어 있습니다.

첫째, 가정에 대한 설교의 중심 내용을 요약 정리하여 사용하기에 편리 하도록 편집하였고,

둘째, 한국 교회 성장에 크게 기여했던 구역 모임이나 그룹 성경공부에 적절하게 사용할 수 있도록 가정에 대한 성경 공부 교재를 만들어 넣었으며,

셋째, 설교나 여러 모임에서 적절하게 활용하면 좋을 가정에 대한 예화를 수록하였습니다.

세상에서 주님을 간절히 증거할 진정한 그리스도인이 그 어느 때보다 필요한 오늘날입니다. 이 한 권의 책으로 변화된 성도들이 복음의 전달자로 바로 서며 한 번 더 뜨거운 부흥이 온 땅을 뒤덮게 되기를 소망합니다.

가정에 대한 명언

● 가정은 교회 안의 교회이다. - 칼빈

● 임금이든 백성이든 자기 가정에서 평화를 찾는 자가 가장 행복한 인간이다. - 괴테

● 자녀 교육의 본관은 가정이다. - 에밀 브루너

● 가정은 그리니치 천문대의 시간과 같이 인간 존재의 단위를 결정짓는 곳이다. - 하젠 워너

● 가정이란 말과 종교란 말은 친척간이다. - 부시넬

● 쾌락과 궁전 속을 거닐지라도, 언제나 초라하지만 내 집만한 곳은 없다. - 존 하워드 페인

● 정다운 내 집이 없으면 온 세상일지라도 커다란 감방에 지나지 않는다. - A. 카울리

● 가정의 안전과 향상이 문명의 중요한 목적이며 모든 산업의 궁극적 목적이다. - 엘리엇

● 가정을 사랑하는 자만이 나라를 사랑한다. - 코울리지

● 어머니를 사랑하는 사람 중에 마음씨 나쁜 사람은 없다.
 - 뮈세

● 기도하는 어머니의 자녀는 지옥의 세력이 빼앗지 못한
 다. - 빌리 선데이

● 내가 나 된 것의 전부, 그리고 장차 되기를 바라는 것의
 전부는 오직 천사와 같은 나의 어머니 덕이다. - 링컨

● 어떠한 장식도 다정한 아내의 얼굴보다 아름다운 장식
 은 없다. - 엘리엇

● 착한 아내는 그 남편에게 둘도 없는 선물이다. 그러나
 악한 아내는 한없이 고약한 부스럼과 같다. - 탈무드

● 성스럽고 즐거운 가정이 없는 곳에 큰 인물이 나지 않을
 뿐아니라 큰 국가도 생겨나지 못한다. - 우찌무라 간조

● 박애나 자선이나 모두 우선 가정에서부터 시작해야 한
 다. - 찰스 램

● 인간은 자기가 갖고 싶은 것을 찾아서 세상을 방황하다가 가정에 돌아와서야 그것을 발견한다. – 조지 무어

● 서로 간의 작은 희생이 없이는 원만한 가정을 만들 수 없다. 이 희생은 그것을 실행하는 사람을 위대하게 하며 아름답게 한다. – 앙드레 지드

● 왕국을 다스리는 것보다 가정을 다스리는 것이 더 어렵다. – 몽테뉴

● 현대의 가장 큰 불행 중의 하나는 가정이 인간에게 깊은 만족을 주지 못하는 것이다. – 러셀

● 아내는 남편을 만드는 천재가 되어야 한다. – 작자 미상

● 남자는 기계를 만들고 여자(어머니)는 사람을 만든다. – 작자 미상

● 가정에 필요한 것은 재산이나 이 세상 희락이 아니다. 오직 가정에 필요한 것은 작은 제단이다. 그 위에 매일 기도의 제물이 드려짐으로써 거룩하고 즐거운 가정이 되는 것이다. – 우찌무라 간조

1

서론

성경을 들고 교회에 다닌다고 해서 모두 그리스도인인 것은 아니다. 참된 그리스도인이란 예수 그리스도를 마음에 구주로 영접하여 거듭난 사람을 의미한다. 그러나 주일에 교회에 갈 때에만 그리스도인처럼 생활하고 가정이나 직장에서는 세상 사람들과 똑같은 삶을 산다면, 아무리 거듭났다 할지라도 참된 신앙생활을 하고 있다고 말할 수 없다. 진정한 신앙생활이란 교회에서뿐만 아니라 가정과 직장 어디에서나 그리스도를 주님으로 모시고 사는 생활이다.

1. 가정에 대한 이해

(1) 가정은 하나님께서 직접 세우신 기관이다.
하나님께서 이 땅에 직접 세우신 기관은 가정과 교회밖에 없다. 태초에 인간을 창조하시고 아담과 하와를 통해 가정을 이루셨던 하나님께서는 가정을 통하여 인류 역사를 이끌어 가셨다. 그만큼 가정은 그리스도인에게 있어 중요한 장소이다.

(2) 가정은 신앙생활의 성공과 실패가 달린 중요한 장소이다.
우리는 인생의 절반 이상을 가정에서 보내고 있다. 그러므로 가정에서 신앙 생활을 잘 하면 올바른 신앙인이 될 수 있지만, 제대로 하지 못한다면 항상 갈등과 고민 속에서 신앙 생활을 할 것이다. 그러므로 그리스도인에게 있어 가정은 매우 중요하다.

(3) 가정은 인간의 고독을 해결할 수 있는 가장 좋은 장소이다.

인간은 아무도 홀로 생활할 수 없다. 그러므로 어떤 철학자는 "인간은 사회적 동물이다"라고 이야기했다. 사람은 누구나 고독과 외로움을 느낄 때가 있다. 그런데 그리스도인이 고독의 문제를 해결할 수 있는 가장 좋은 장소는 바로 가정이다.

만약 그리스도인이 가정을 통하여 고독의 문제를 해결하지 못한다면 그는 다른 곳에서 비성경적인 방법으로 고독의 문제를 해결하려고 노력할 것이다. 그러다가 신앙을 잃어버리는 사람들이 많이 있다. 그러므로 그리스도인에게 있어 가정은 매우 중요한 장소이다.

프란시스 쉐퍼 박사의 부인인 에디스 쉐퍼 여사는 가정을 다음과 같이 표현하였다.
- 가정이란 인간 존재의 성장 장소이다.
- 가정이란 피난처(보금자리)이다.
- 가정이란 경제적 단위이다.

- 가정이란 문화 창조의 중심이다.
- 가정이란 기억의 박물관이다.
- 가정이란 인간관계가 시작되고 형성되는 장소이다.
- 가정이란 신앙의 출발지이며 완성지이다.

2. 하나님께서 원하시는 가정

- 하나님께서는 모든 가족이 예수 그리스도를 영접하기 원하신다.
- 하나님께서는 가정이 성령님의 인도하심을 받기 원하신다.
- 하나님께서는 삶의 원칙이 성경 위에 세워지기 원하신다.
- 하나님께서는 남편이 아내를 사랑하며 아내는 남편에게 순종하기를 원하신다.
- 하나님께서는 부모가 자녀를 사랑하고 자녀가 부모를 존경하기를 원하신다.
- 하나님께서는 가정의 모든 문제가 예수 그리스도를 통하여 해결되기를 원하신다.

3. 아름다운 가정을 가꾸기 위한 부모와 자녀의 노력

(1) 부모의 노력

- 아름다운 가정이 되도록 노력하라.
- 좋은 부부 관계를 유지하라.
- 모든 가족을 동등하게, 그리고 진심으로 사랑하라.
- 자녀가 어렸을 때 주님께 인도하라.
- 자녀와 함께 시간을 보내라.
- 자녀를 나쁘게 비교하지 말라.
- 자녀를 인하여 하나님께 감사하라.

(2) 자녀의 노력

- 아름다운 가정이 되도록 기도하고 노력하라.
- 부모를 존경하고 사랑하라.
- 형제간에 우애하라.
- 모든 일을 부모님과 상의하라.
- 부모님과 함께 하는 시간을 마련하라.
- 부모님의 은혜에 감사하라.
- 부모님을 다른 부모님과 비교하여 불평하지 말라.
- 부모님을 인하여 하나님께 감사하라.

4. 가족들이 다른 종교를 믿거나 또는 아무 종교도 믿지 않을 때

● 온 가족이 하나님을 믿을 수 있도록 인내하며 기도하라.
● 종교 문제로 인하여 분쟁이 발생하지 않도록 주의하라.
● 믿지 않는 식구나 또는 다른 종교를 믿는 가족을 비판하지 말라.
● 기독교를 지나치게 자랑하지 말라.
● 가족을 더욱 사랑하고 모든 일에 본을 보이라.
● 불평이나 핍박이 있을 때 주님의 십자가를 생각하고 인내하라.
● 좋은 기회를 만들어 진지하게 복음을 전하라.
● 하나님께서도 온 가족이 구원받기를 원하신다는 사실을 기억하고 믿음으로 노력하라.

5. 가정에서 신앙 문제로 부딪히는 일이 발생할 때

● 하나님께 기도하라.
● 그 일로 인하여 다른 사람과 부딪히기 전에 먼저 열린

대화를 나누라.

● 대화로 해결되지 않을 때에는 희생이 따르더라도 신앙을 지키라.

● 더 좋은 길로 인도해 주실 하나님을 믿고 신뢰하라.

● 부딪히는 사람들을 미워하거나 원망하지 말고 그들을 위하여 기도하라.

2

섬김에 대한 설교

1. 자녀를 이렇게 양육하라!

"그 때에 제자들이 예수께 나아와 가로되 천국에서는 누가 크니이까 예수께서 한 어린 아이를 불러 저희 가운데 세우시고 가라사대 진실로 너희에게 이르노니 너희가 돌이켜 어린 아이들과 같이 되지 아니하면 결단코 천국에 들어가지 못하리라 그러므로 누구든지 이 어린 아이와 같이 자기를 낮추는 그이가 천국에서 큰 자니라 또 누구든지 내 이름으로 이런 어린 아이 하나를 영접하면 곧 나를 영접함이니 누구든지 나를 믿는 이 소자 중 하나를 실족케 하면 차라리 연자 맷돌을 그 목에 달리우고 깊은 바다에 빠뜨리우는 것이 나으니라" – 마태복음 18:1-6

서론

판문점 도끼 만행 사건으로 미군이 숨진 적이 있었는데 그 미군이 숨진 곳 앞에 '돌아올 수 없는 다리'라는 절망의 다리가 있다. 개인이나 국가가 돌이킬 수 없는 지경에 이르렀다면 그것은 큰 불행이다.

오늘 날 많은 사람이 이성이나 연인 때문에 돌이킬 수 없고, 범죄 때문에 돌이킬 수 없는 지경에 이르게 된다. 또한 여러 국가가 정치 문제로 돌이킬 수 없는 지경에 이르는가

하면, 경제나 사회 문제로 돌이킬 수 없는 지경에 이르기도 한다. 그뿐만 아니라 국민의 부도덕과 타락 때문에 멸망한 국가도 있다.

연세대 명예 교수인 김동길 박사는 "한국은 앞으로 경제 발전과 제반 민주화 조치로 정치 사회가 안정되어 각종 경제 범죄는 하강 추세를 보이겠지만, 성범죄와 청소년 범죄는 더욱 증가할 것이며 범죄의 대형화 추세도 역시 가속화될 것이다"라고 말하였다.

이와 같은 현실에서 모든 그리스도인 부모는 자녀를 어떻게 양육해야 할 것인가?

첫째, 거듭난 자녀로 양육하라.

"그런즉 누구든지 그리스도 안에 있으면 새로운 피조물이라 이전 것은 지나갔으니 보라 새것이 되었도다"
– 고린도후서 5장 17절

거듭나지 않은 자녀가 자라서 정치를 하고 교육을 하고 교회를 운영하기 때문에 국가에 문제가 발생한다.

(1) 거듭남의 필요성

우리에게 거듭남이 필요한 이유는 우리 모두가 죄인이기 때문이며 우리가 거듭나야 천국에 들어갈 수 있기 때문이다.

사과를 먹는 벌레가 겉에서 속으로 사과를 먹어 들어가는 것이 아니라 속에서 겉으로 사과를 먹어 나온다. 이는 사과나무의 꽃이 필 때 벌레가 알을 낳아서 사과 속을 먹으면서 자라기 때문이다. 이와 마찬가지로 우리는 어머니 뱃속에서 잉태될 때 '죄'라는 벌레가 알로 있다가 우리가 태어남과 동시에 부화되어 속을 파먹으며 그 속에서 성장한다.

그러므로 시편 기자는 우리가 죄 중에 태어났다고 고백하였으며 사도 바울은 모든 사람이 죄인이라고 말하였다.

"내가 죄악 중에 출생하였음이여 모친이 죄 중에 나를 잉태하였나이다."– 시편 51편 5절

"모든 사람이 죄를 범하였으매 하나님의 영광에 이르지 못하더니"– 로마서 3장 23절

죄인된 우리가 예수 그리스도를 믿고 거듭날 때 비로소 천국에 갈 수 있다.

"예수께서 대답하여 가라사대 진실로 진실로 네게 이르노니 사람이 거듭나지 아니하면 하나님 나라를 볼수 없느니라"– 요한복음 3장 3절

우리는 하나님의 말씀을 듣고 회개함으로 거듭날 수 있다.

"너희가 거듭난 것이 썩어질 씨로 된 것이 아니요 썩지
아니할 씨로 된 것이니 하나님의 살아 있고 항상 있는
말씀으로 되었느니라"- 베드로전서 1장 23절

"이는 곧 물로 씻어 말씀으로 깨끗하게 하사 거룩하게
하시고"- 에베소서 5장 26절

"너희는 내가 일러준 말로 이미 깨끗하였으니"
 - 요한복음 15장 3절

주님을 믿고 거듭날 때 우리는 새로운 피조물이 되며 하나
님의 성품에 참여할 수 있다.

"새 사람을 입었으니 이는 자기를 창조하신 자의 형상
을 좇아 지식에까지 새롭게 하심을 받는 자니라"
 - 골로새서 3장 10절

"이로써 그 보배롭고 지극히 큰 약속을 우리에게 주사
이 약속으로 말미암아 너희로 정욕을 인하여 세상에서
썩어질 것을 피하여 신의 성품에 참예하는 자가 되게 하
려 하셨으니"- 베드로후서 1장 4절

(2) 거듭남의 결과

요한1서에 보면 거듭남의 다섯 가지 결과가 기록되어
있다.

① 예수를 그리스도로 믿는다.

　“예수께서 그리스도이심을 믿는 자마다 하나님께로서 난 자니 또한 내신 이를 사랑하는 자마다 그에게서 난 자를 사랑하느니라” – 요한1서 5장 1절

② 반복적인 죄를 짓지 않는다.

　“하나님께로서 난 자마다 죄를 짓지 아니하나니 이는 하나님의 씨가 그의 속에 거함이요 저도 범죄치 못하는 것은 하나님께로서 났음이라” – 요한1서 3장 9절

③ 의를 행한다.

　“너희가 그의 의로우신 줄을 알면 의를 행하는 자마다 그에게서 난 줄을 알리라” – 요한1서 2장 29절

④ 형제를 사랑한다.

　“우리가 형제를 사랑함으로 사망에서 옮겨 생명으로 들어간 줄을 알거니와 사랑치 아니하는 자는 사망에 거하느니라” – 요한1서 3장 14절

⑤ 세상을 이긴다.

　“대저 하나님께로서 난 자마다 세상을 이기느니라 세상을 이긴 이김은 이것이니 우리의 믿음이니라” – 요한1서 5장 4절

『16,000톤의 최대 호화선인 '타이타닉'호가 22노트로 대서양을 항진하다가 빙산에 부딪혀 침몰할 때 구명대가 부족하여 1,513명이 목숨을 잃었다.

그때 존 하퍼 목사는 시카고 무디 교회에 설교를 하러 가는 중이었다. 그가 바다 위에서 널빤지 조각을 붙들고 있는 청년에게 "젊은이는 구원을 받았는가?"라고 묻자 청년은 "아니오"라고 대답했다.

파도가 밀려와 두 사람은 멀어졌으나 얼마 후 다시 좁혀졌다.

하퍼 목사가 "하나님과 화해하고 구원을 받았는가?"라고 묻자 젊은이는 "아직 안 했습니다"라고 대답했다. 이때 큰 파도가 존 하퍼 목사를 덮쳤고 그것이 그의 마지막이었다.

다행히 구조된 젊은이는 하퍼 목사님의 "구원을 받았는가?"라는 소리가 귀에서 사라지지 않았다.

그 젊은이는 2주 후 뉴욕에 있는 어떤 교회 모임에서 "나는 존 하퍼 목사님의 마지막 개종자였습니다"라고 간증하였다. 그는 바다에서 생명을 건졌을 뿐만 아니라 후에 예수님을 영접함으로 영적 생명을 얻어 거듭나게 된 것이다.』

모든 부모는 자기 자녀를 무엇보다도 거듭난 자녀로 양육해야 한다. 부모가 그리스도인이라고 하여 그의 자녀도 자동적으로 그리스도인이 되는 것은 결코 아니기 때문이다.

"영접하는 자 곧 그 이름을 믿는 자들에게는 하나님의 자녀가 되는 권세를 주셨으니 이는 혈통으로나 육정으

로나 사람의 뜻으로 나지 아니하고 오직 하나님께로서 난 자들이니라" – 요한복음 1장 12,13절

둘째, 겸손한 자녀로 양육하라.

"그러므로 누구든지 이 어린 아이와 같이 자기를 낮추는 그이가 천국에서 큰 자니라" – 마태복음 18장 4절
"젊은 자들아 이와 같이 장로들에게 순복하고 다 서로 겸손으로 허리를 동이라 하나님이 교만한 자를 대적하시되 겸손한 자들에게는 은혜를 주시느니라 그러므로 하나님의 능하신 손 아래서 겸손하라 때가 되면 너희를 높이시리라" – 베드로전서 5장 5,6절

(1) 겸손의 모습
① 겸손한 사람은 자신이 죄인임을 인정한다.
"세리는 멀리 서서 감히 눈을 들어 하늘을 우러러 보지도 못하고 다만 가슴을 치며 가로되 하나님이여 불쌍히 여기옵소서 나는 죄인이로소이다 하였느니라 내가 너희에게 이르노니 이 사람이 저보다 의롭다 하심을 받고 집에 내려 갔느니라 무릇 자기를 높이는 자는 낮아지고 자기를 낮추는 자는 높아지리라 하시니라" – 누가복음 18장 13,14절

② 겸손한 사람은 자신의 불쌍한 상태를 인식한다.

"이에 스스로 돌이켜 가로되 내 아버지에게는 양식이 풍족한 품군이 얼마나 많은고 나는 여기서 주려 죽는구나 …지금부터는 아버지의 아들이라 일컬음을 감당치 못하겠나이다 하나" - 누가복음 15장 17-21절

③ 겸손한 사람은 자신의 한계를 인식한다.

"나의 하나님 여호와여 주께서 종으로 종의 아비 다윗을 대신하여 왕이 되게 하셨사오나 종은 작은 아이라 출입할줄을 알지 못하고 주의 빼신 백성 가운데 있나이다 저희는 큰 백성이라 수효가 많아서 셀 수도 없고 기록할 수도 없사오니 누가 주의 이 많은 백성을 재판할 수 있사오리이까 지혜로운 마음을 종에게 주사 주의 백성을 재판하여 선악을 분별하게 하옵소서" - 열왕기상 3장 7-9절

④ 겸손한 사람은 하나님의 거룩하심을 인식한다.

"웃시야왕의 죽던 해에 내가 본즉 주께서 높이 들린 보좌에 앉으셨는데 그 옷자락은 성전에 가득하였고 스랍들은 모셔 섰는데 각기 여섯 날개가 있어 그 둘로는 그 얼굴을 가리었고 그 둘로는 그 발을 가리었고 그 둘로는 날며 서로 창화하여 가로되 거룩하다 거룩하다 거룩하다 만군의 여호와여 그 영광이 온 땅에 충만하도다"
- 이사야 6장 1-3절

(2) 우리가 겸손해야 하는 이유

우리가 겸손해야 하는 이유는 무엇보다 먼저 우리 주 예수 그리스도께서 겸손의 본을 보여주셨기 때문이다. 주님께서는 하나님의 본체를 버리시고 종의 형체를 가져 우리와 같이 되셨다.

> "너희 안에 이 마음을 품으라 곧 그리스도 예수의 마음이니 그는 근본 하나님의 본체시나 하나님과 동등됨을 취할 것으로 여기지 아니하시고 오히려 자기를 비어 종의 형체를 가져 사람들과 같이 되었고"- 빌립보서 2장 5-7절

또한 주님께서는 겸손하게 제자들의 발을 씻겨 주셨다.

> "이에 대야에 물을 담아 제자들의 발을 씻기시고 그 두르신 수건으로 씻기기를 시작하여"- 요한복음 13장 5절

뿐만 아니라 주님께서는 여러 번 겸손의 교훈을 강조하셨다.

> "제자 중에서 누가 크냐 하는 변론이 일어나니 예수께서 그 마음에 변론하는 것을 아시고 어린 아이 하나를 데려다가 자기 곁에 세우시고 저희에게 이르시되 누구든지 내 이름으로 이 어린 아이를 영접하면 곧 나를 영접함이요 또 누구든지 나를 영접하면 곧 나 보내신 이를 영접함이라 너희 모든 사람 중에 가장 작은 그이가 큰 자니라"- 누가복음 9장 46 -48절

"너희 중에 큰 자는 너희를 섬기는 자가 되어야 하리라"
– 마태복음 23장 11절

"무릇 자기를 높이는 자는 낮아지고 자기를 낮추는 자
는 높아지리라"– 누가복음 14장 11절

"앉아서 먹는 자가 크냐 섬기는 자가 크냐 앉아 먹는 자
가 아니냐 그러나 나는 섬기는 자로 너희 중에 있노라"
– 누가복음 22장 27절

주님께서는 겸손한 사람의 기도를 들으시며 그를 축복하
신다.

"내 이름으로 일컫는 내 백성이 그 악한 길에서 떠나 스
스로 겸비하고 기도하여 내 얼굴을 구하면 내가 하늘에
서 듣고 그 죄를 사하고 그 땅을 고칠찌라"– 역대하 7장 14절

『크림 전쟁 때 종군하여 많은 호열자(콜레라) 환자를 치료해 준 영
국인 간호사 나이팅게일은 군인들로부터 '광명의 천사'라는 이름
을 얻었다. 영국은 러시아를 이긴 후, 나이팅게일의 귀환을 고대
하며 환영 준비에 바빴다. 그러나 명예를 즐거워하지 않고 자신
의 공로를 자랑하지 않는 겸손한 그녀는 1856년 남몰래 프랑스
에 도착했다. 이로 인해 영국 국민들은 크게 실망했으나 그녀의
겸손을 높이 평가하고 존경했다.

훗날 빅토리아 여왕은 그녀에게 금강석이 박힌 훈장을 수여했고,
터키 황제는 값비싼 보석을 보냈고, 영국 정부는 그녀를 기념하

는 성 토마스 병원을 설립하고 25만 달러를 주어 위대한 공로를 표창했으며 1907년 영국의 왕 에드워드 7세는 그녀에게 최고 훈장을 수여하였다. 이 모든 것은 그녀의 겸손과 봉사에서 온 대가였다.』

무디는 "믿음은 가장 큰 것을 얻으며 사랑은 가장 큰 일을 이룬다. 그러나 겸손은 가장 많은 것을 보존한다"라고 말하였다. 또한 어거스틴은 "종교를 믿는 제1의 요건도 겸손이고 제2의 요건도 겸손이다. 그리고 제3의 요건도 겸손이다"라고 말하였다.

『프랑스 파리 대학에 라비스 박사가 있었다.
그 대학 강단에서 교수 생활 50주년 기념식이 있었는데 입추의 여지없이 참석 인원이 많았다. 라비스 교수가 답사를 하려고 강단에 올라섰을 때 그는 맨 끝자리, 학생들 틈에 앉아있는 레몽 푸앵카레 대통령을 발견하고는 너무 황송해서 단상으로 모시려고 했다. 그러나 푸앵카레 대통령은 굳이 사양하면서 "저는 대통령의 자격으로 온 것이 아니라 선생님 제자로서 축하드리려고 왔습니다"라고 말했다. 이에 라비스 박사는 "이렇게 겸손하신 대통령을 모셨으니 우리 나라는 하나님의 축복을 받아 부강한 나라가 될 것입니다"라고 말했다.』

하나님께서는 겸손한 사람을 사용하시며 그에게 큰 복을

주신다. 그러므로 모든 부모는 자녀를 겸손하게 양육해야
한다.

셋째, 순종하는 자녀로 양육하여야 한다.

> "자녀들아 너희 부모를 주 안에서 순종하라 이것이 옳
> 으니라" – 에베소서 6장 1절

(1) 불순종의 대가는 멸망이다.

엘리의 아들들이 불순종하여 멸망하였다.

> "엘리가 매우 늙었더니 그 아들들이 온 이스라엘에게
> 행한 모든 일과 회막문에서 수종드는 여인과 동침하였
> 음을 듣고 그들에게 이르되 너희가 어찌하여 이런 일을
> 하느냐 내가 너희의 악행을 이 모든 백성에게서 듣노라
> 내 아들아 그리 말라 내게 들리는 소문이 좋지 아니하니
> 라…그들이 그 아비의 말을 듣지 아니하였으니 이는 여
> 호와께서 그들을 죽이기로 뜻하셨음이었더라" – 사무엘상 2
> 장 22–25절

이스라엘의 초대 왕 사울도 불순종하여 왕위를 상실하
였다.

> "이는 거역하는 것은 사술의 죄와 같고 완고한 것은 사

신 우상에게 절하는 죄와 같음이라 왕이 여호와의 말씀을 버렸으므로 여호와께서도 왕을 버려 왕이 되지 못하게 하셨나이다" – 사무엘상 15장 23절

(2) 하나님은 순종하는 사람을 축복하신다.

"엘리가 엘가나와 그 아내에게 축복하여 가로되 여호와께서 이 여인으로 말미암아 네게 후사를 주사 이가 여호와께 간구하여 얻어 드린 아들을 대신하게 하시기를 원하노라 하였더니…" – 사무엘상 2장 20절

"네가 네 하나님 여호와의 말씀을 순종하면 이 모든 복이 네게 임하며 네게 미치리니… 네가 들어와도 복을 받고 나가도 복을 받을 것이니라" – 신명기 28장 2–6절

① 하나님은 순종하는 사람을 사랑하시며 그와 함께 하신다.

"나의 계명을 가지고 지키는 자라야 나를 사랑하는 자니 나를 사랑하는 자는 내 아버지께 사랑을 받을 것이요 나도 그를 사랑하여 그에게 나를 나타내리라" – 요한복음 14장 21절

② 하나님께 순종하는 사람은 삶의 지혜를 얻는다.

"그러므로 누구든지 나의 이 말을 듣고 행하는 자는 그 집을 반석 위에 지은 지혜로운 사람 같으리니" – 마태복음 7장 24절

③ 하나님께 순종하는 사람은 삶이 형통한다.

"이 율법책을 네 입에서 떠나지 말게 하며 주야로 그것을 묵상하여 그 가운데 기록한대로 다 지켜 행하라 그리하면 네 길이 평탄하게 될 것이라 네가 형통하리라" – 여호수아 1장 8절

우리의 자녀가 하나님과 부모에게 순종하는 삶을 살면 하나님의 축복을 받으며 형통한 삶을 살게 되지만 하나님과 부모에게 순종하지 않고 자기 마음대로 살아간다면 하나님의 버림을 받아 언젠가는 멸망하게 된다.

그러므로 모든 부모는 자기 자녀가 어릴 때부터 순종하는 삶을 살도록 양육해야 한다.

우리 주님께서도 어린 시절부터 부모에게 순종하여 우리에게 순종의 본을 보이셨다.

"아기가 자라며 강하여지고 지혜가 충족하며 하나님의 은혜가 그 위에 있더라" – 누가복음 2장 40절

"사람의 모양으로 나타나셨으매 자기를 낮추시고 죽기까지 복종하셨으니 곧 십자가에 죽으심이라" – 빌립보서 2장 8절

결론

오늘날 우리 사회는 날로 증가하는 청소년 문제로 심각한 지경에 이르렀으며 가정마다 자녀의 불순종으로 말미암아 부모의 권위가 땅에 떨어지고 가정의 화목이 깨지고 있다.

이와 같은 현실 속에서 모든 그리스도인 부모는 자녀를 거듭난 하나님의 자녀로 양육해야 하며 모든 사람 앞에 겸손한 사람으로 양육해야 한다. 하나님은 교만한 사람을 대적하시며 겸손한 사람을 축복하시기 때문이다. 뿐만 아니라 모든 부모는 자기 자녀가 어릴 때부터 하나님과 부모에게 순종하는 삶을 살도록 해야 한다.

2. 자녀 교육의 책임

"또 아비들아 너희 자녀를 노엽게 하지 말고 오직 주의 교양과 훈계로 양육하라" – 에베소서 6장 4절

서론

한국의 10대 자살률이 아주 높다고 한다.

다른 선진국과 비교해 월등히 높은 수치는 아니지만 한국 10대의 자살은 성적이 높은 학군에서 대부분 일어난다는 특징이 있다.

모든 부모님들이 보내고 싶어 하는 학군에서 아이러니하게 가장 많은 학생들이 삶을 비관해 목숨을 끊고 있는 것이다. 10대 자살률이 높은 곳은 서울과 지방을 막론하고 'A급 학군'이라고 한다. 10대가 자살하는 대부분의 원인은 '학업 스트레스'와 '학교 폭력'인데, 서이종 서울대 사회학과 교수는 학업 스트레스를 이기지 못하는 학생들이 학교 폭력으로 빠지는 경우가 많다며 사실상 한국 10대들이 겪는 가장 큰 문제의 원인을 학업 스트레스로 꼽았다.

자녀를 위해, 더 좋은 교육 환경을 만들려고 하는 많은 부

모들의 노력이 오히려 학생들을 사지로 몰고 있을 수도 있다는 연구 결과다. 자녀들에게 필요한 진짜 교육이 무엇인지 모르기 때문에 이와 같이 안타까운 현상이 일어나고 있다. 이런 비극을 끊어내고 정말 자녀를 바르게 교육하기 위해서는 성경의 지혜로 자녀들을 교육해야 한다. 지혜롭게 자녀를 교육하는 방법에 대해서 알아보자.

첫째, 바르게 교육해야 한다.

부모가 해야 할 가장 중요한 일은 자녀를 바르게 교육하는 일이다.

(1) 하나님의 말씀을 교육해야 한다.

하나님의 말씀에 대한 이해와 신뢰가 없이는 올바른 신앙 생활을 할 수 없다. 성경에 기록된 많은 사람들이 믿음의 삶을 살 수 있었던 이유는 그들이 하나님의 말씀을 교육받고 그 말씀대로 생활했기 때문이다. 우리의 자녀들이 하나님의 말씀을 교육받지 못한다면 그들은 장차 올바른 삶을 살 수 없을 것이다.

부모가 자녀에게 하나님의 말씀을 교육해야 할 필요성은 무엇인가?

① 자녀들이 하나님의 뜻에 합당하게 하나님을 섬기며 살도록 그들에게 말씀을 교육해야 한다.

"네가 이것으로 형제를 깨우치면 그리스도 예수의 선한 일군이 되어 믿음의 말씀과 네가 좇은 선한 교훈으로 양육을 받으리라" – 디모데전서 4장 6절

"모든 성경은 하나님의 감동으로 된 것으로 교훈과 책망과 바르게 함과 의로 교육하기에 유익하니 이는 하나님의 사람으로 온전케 하며 모든 선한 일을 행하기에 온전케 하려 함이니라" – 디모데후서 3장 16,17절

② 자녀들이 죄로부터 승리하며 살도록 그들에게 말씀을 교육해야 한다.

"구원의 투구와 성령의 검 곧 하나님의 말씀을 가지라"
    – 에베소서 6장 17절

"청년이 무엇으로 그 행실을 깨끗케 하리이까 주의 말씀을 따라 삼갈 것이니이다…내가 주께 범죄치 아니하려 하여 주의 말씀을 내 마음에 두었나이다" – 시편 119편 9–11절

③ 자녀의 영혼이 더 강건하게 성장하도록 그들에게 말씀을 교육해야 한다.

"갓난 아이들 같이 순전하고 신령한 젖을 사모하라 이는 이로 말미암아 너희로 구원에 이르도록 자라게 하려

함이라"– 베드로전서 2장 2절

"그러므로 너희가 그리스도 예수를 주로 받았으니 그 안에서 행하되 그 안에 뿌리를 박으며 세움을 입어 교훈을 받은대로 믿음에 굳게 서서 감사함을 넘치게 하라"
– 골로새서 2장 6,7절

"지금 내가 너희를 주와 및 그 은혜의 말씀께 부탁하노니 그 말씀이 너희를 능히 든든히 세우사 거룩케 하심을 입은 모든 자 가운데 기업이 있게 하시리라"– 사도행전 20장 32절

④ 자녀가 복되고 행복한 삶을 살도록 그들에게 말씀을 교육해야 한다.

"복 있는 사람은 악인의 꾀를 좇지 아니하며 죄인의 길에 서지 아니하며 오만한 자의 자리에 앉지 아니하고 오직 여호와의 율법을 즐거워하여 그 율법을 주야로 묵상하는 자로다 저는 시냇가에 심은 나무가 시절을 좇아 과실을 맺으며 그 잎사귀가 마르지 아니함 같으니 그 행사가 다 형통하리로다"– 시편 1편 1–3절

"이 율법책을 네 입에서 떠나지 말게 하며 주야로 그것을 묵상하여 그 가운데 기록한대로 다 지켜 행하라 그리하면 네 길이 평탄하게 될 것이라 네가 형통하리라"– 여호수아 1장 8절

⑤ 자녀들이 다른 사람을 도우며 생활하도록 그들에게 말씀을 교육해야 한다.

"너희 마음에 그리스도를 주로 삼아 거룩하게 하고 너희 속에 있는 소망에 관한 이유를 묻는 자에게는 대답할 것을 항상 예비하되 온유와 두려움으로 하고" – 베드로전서 3장 15절

"또 네가 많은 증인 앞에서 내게 들은 바를 충성된 사람들에게 부탁하라 저희가 또 다른 사람들을 가르칠 수 있으리라" – 디모데후서 2장 2절

부모가 자녀에게 하나님의 말씀을 교육하는 것이 중요한 이유는 무엇인가?

① 영적 생명은 하나님의 말씀을 듣고 믿음으로 가능하기 때문이다.

"내가 진실로 진실로 너희에게 이르노니 내 말을 듣고 또 나 보내신 이를 믿는 자는 영생을 얻었고 심판에 이르지 아니하나니 사망에서 생명으로 옮겼느니라" – 요한복음 5장 24절

"또 네가 어려서부터 성경을 알았나니 성경은 능히 너로 하여금 그리스도 예수 안에 있는 믿음으로 말미암아 구원에 이르는 지혜가 있게 하느니라" – 디모데후서 3장 15절

"너희가 성경에서 영생을 얻는 줄 생각하고 성경을 상고

하거니와 이 성경이 곧 내게 대하여 증거하는 것이로다"

– 요한복음 5장 39절

② 영적 성장은 하나님의 말씀을 섭취함으로 가능하기 때
　문이다.
　"…사람이 떡으로만 살것이 아니요 하나님의 입으로 나
　오는 모든 말씀으로 살 것이라 하였느니라 하시니"– 마태
　복음 4장 4절
　"내가 그의 입술의 명령을 어기지 아니하고 일정한 음
　식보다 그 입의 말씀을 귀히 여겼구나"– 욥기 23장 12절

③ 영적 승리는 하나님의 말씀으로 가능하기 때문이다.
　"…기록되었으되 사람이 떡으로만 살것이 아니요 하나
　님의 입으로 나오는 모든 말씀으로 살 것이라 하였느니
　라 하시니…예수께서 이르시되 또 기록되었으되 주 너
　의 하나님을 시험치 말라 하였느니라 하신대… 이에 예
　수께서 말씀하시되 사단아 물러가라 기록되었으되 주
　너의 하나님께 경배하고 다만 그를 섬기라 하였느니라
　이에 마귀는 예수를 떠나고 천사들이 나아와서 수종드
　니라"– 마태복음 4장 1–11절
　"구원의 투구와 성령의 검 곧 하나님의 말씀을 가지라"
　　　– 에베소서 6장 17절

그러므로 모든 부모는 자녀가 다음과 같은 자세로 성경을 대하도록 교육해야 한다.

① 탐구하는 자세를 갖도록 해야 한다.
"은을 구하는 것 같이 그것을 구하며 감추인 보배를 찾는 것 같이 그것을 찾으면 여호와 경외하기를 깨달으며 하나님을 알게 되리니" – 잠언 2장 4,5절

② 기도하면서 성경을 읽도록 해야 한다.
"내 눈을 열어서 주의 법의 기이한 것을 보게 하소서"
– 시편 119편 18절

③ 겸손한 자세로 성경을 읽도록 해야 한다.
"그러므로 모든 더러운 것과 넘치는 악을 내어 버리고 능히 너희 영혼을 구원할바 마음에 심긴 도를 온유함으로 받으라" – 야고보서 1장 21절

④ 믿음으로 성경을 읽도록 해야 한다.
"믿음이 없이는 기쁘시게 못하나니 하나님께 나아가는 자는 반드시 그가 계신 것과 또한 그가 자기를 찾는 자들에게 상 주시는 이심을 믿어야 할찌니라" – 히브리서 11장 6절

⑤ 순종하는 마음으로 성경을 읽도록 해야 한다.

"너희는 도를 행하는 자가 되고 듣기만 하여 자신을 속이는 자가 되지말라"- 야고보서 1장 22절

(2) 기도를 교육해야 한다.

기도란 하나님과의 대화로서 예수 그리스도를 믿고 거듭나 하나님의 자녀가 된 그리스도인이 자기 안에 거하는 성령을 통하여 하나님을 아버지로 부르면서 그 아버지께 구하고 부르짖고 교제하는 것을 의미한다.

부모가 자녀에게 기도를 교육해야 할 필요성은 무엇인가?

① 예수 그리스도께서 기도의 삶을 사셨기 때문이다.

"백성이 다 침례(세례)를 받을쌔 예수도 침례(세례)를 받으시고 기도하실 때에 하늘이 열리며"- 누가복음 3장 21절

"예수께서 떡을 가져 축사하신 후에 앉은 자들에게 나눠 주시고 고기도 그렇게 저희의 원대로 주시다"- 요한복음 6장 11절

"무리를 보내신 후에 기도하러 따로 산에 올라가시다 저물매 거기 혼자 계시더니"- 마태복음 14장 23절

"…예수께서 눈을 들어 우러러 보시고 가라사대 아버지여 내 말을 들으신 것을 감사하나이다"- 요한복음 11장 41절

"그러므로 자기를 힘입어 하나님께 나아가는 자들을 온전히 구원하실 수 있으니 이는 그가 항상 살아서 저희를

위하여 간구하심이니라"– 히브리서 7장 25절

② 성경이 우리에게 기도할 것을 가르치고 있기 때문이다.
"항상 기도하고 낙망치 말아야 될 것을 저희에게 비유
로 하여"– 누가복음 18장 1절
"구하라 그러면 너희에게 주실 것이요 찾으라 그러면
찾을 것이요 문을 두드리라 그러면 너희에게 열릴 것이
니"– 마태복음 7장 7절

③ 기도는 신앙 생활에 절대적으로 필요한 요소이기 때문
이다.
"모든 기도와 간구로 하되 무시로 성령 안에서 기도하
고 이를 위하여 깨어 구하기를 항상 힘쓰며 여러 성도를
위하여 구하고"– 에베소서 6장 18절

그렇다면 부모는 자녀들이 무엇을 기도하도록 교육해야
하는가?

① 일용할 양식을 위하여 기도하도록 해야 한다.
"오늘날 우리에게 일용할 양식을 주옵시고"– 마태복음 6장 11절

② 유혹과 죄악으로부터의 승리를 위하여 기도하도록 해
야 한다.

"우리를 시험에 들게 하지 마옵시고 다만 악에서 구하옵소서(나라와 권세와 영광이 아버지께 영원히 있사옵나이다 아멘)" – 마태복음 6장 13절

③ 죄의 용서를 위하여 기도하도록 해야 한다.
"우리가 우리에게 죄 지은 자를 사하여 준것 같이 우리 죄를 사하여 주옵시고" – 마태복음 6장 12절
"만일 우리가 우리 죄를 자백하면 저는 미쁘시고 의로우사 우리 죄를 사하시며 모든 불의에서 우리를 깨끗케 하실 것이요" – 요한1서 1장 9절

④ 병든 사람을 위하여 기도하도록 해야 한다.
"이러므로 너희 죄를 서로 고하며 병 낫기를 위하여 서로 기도하라 의인의 간구는 역사하는 힘이 많으니라" – 야고보서 5장 16절

⑤ 자기를 핍박하는 사람을 위하여 기도하도록 해야 한다.
"나는 너희에게 이르노니 너희 원수를 사랑하며 너희를 핍박하는 자를 위하여 기도하라" – 마태복음 5장 44절

부모는 자녀들이 다음과 같은 자세로 기도하도록 교육해야 한다.

① 겸손하게 기도하도록 해야 한다.

"…하나님이 교만한 자를 물리치시고 겸손한 자에게 은혜를 주신다 하였느니라" – 야고보서 4장 6절

"내 이름으로 일컫는 내 백성이 그 악한 길에서 떠나 스스로 겸비하고 기도하여 내 얼굴을 구하면 내가 하늘에서 듣고 그 죄를 사하고 그 땅을 고칠찌라" – 역대하 7장 14절

② 믿음으로 기도하도록 해야 한다.

"믿음이 없이는 기쁘시게 못하나니 하나님께 나아가는 자는 반드시 그가 계신 것과 또한 그가 자기를 찾는 자들에게 상 주시는 이심을 믿어야 할찌니라" – 히브리서 11장 6절

"그러므로 내가 너희에게 말하노니 무엇이든지 기도하고 구하는 것은 받은 줄로 믿으라 그리하면 너희에게 그대로 되리라" – 마가복음 11장 24절

③ 인내를 가지고 꾸준하게 기도하도록 해야 한다.

"항상 기도하고 낙망치 말아야 될 것을 저희에게 비유로 하여" – 누가복음 18장 1절

④ 하나님의 영광을 위하여 기도하도록 해야 한다.

"너희가 내 이름으로 무엇을 구하든지 내가 시행하리니 이는 아버지로 하여금 아들을 인하여 영광을 얻으시게 하려 함이라" – 요한복음 14장 13절

(3) 예배를 교육해야 한다.

예배란 하나님께 대한 경배와 순종을 의미한다.

부모가 자녀에게 예배를 교육해야 하는 이유는 무엇인가?

① 하나님께서 우리의 창조주이시기 때문이다.
　"하나님이 자기 형상 곧 하나님의 형상대로 사람을 창
　조하시되 남자와 여자를 창조하시고" – 창세기 1장 27절

② 하나님께서 우리의 구주이시기 때문이다.
　"하나님이 세상을 이처럼 사랑하사 독생자를 주셨으니
　이는 저를 믿는 자마다 멸망치 않고 영생을 얻게 하려
　하심이니라" – 요한복음 3장 16절
　"우리가 아직 죄인 되었을 때에 그리스도께서 우리를
　위하여 죽으심으로 하나님께서 우리에게 대한 자기의
　사랑을 확증하셨느니라" – 로마서 5장 8절

③ 하나님께서는 예배드리는 사람을 찾고 계시기 때문
　이다.
　"아버지께 참으로 예배하는 자들은 신령과 진정으로 예
　배할 때가 오나니 곧 이때라 아버지께서는 이렇게 자기
　에게 예배하는 자들을 찾으시느니라" – 요한복음 4장 23절

그리스도인의 삶에 있어서 예배가 중요한 이유는 무엇인가?

① 십계명의 첫 계명에서 예배의 중요성을 강조하였다.
"하나님이 이 모든 말씀으로 일러 가라사대 나는 너를 애굽 땅, 종 되었던 집에서 인도하여 낸 너의 하나님 여호와로라 너는 나 외에는 다른 신들을 네게 있게 말찌니라"–출애굽기 20장 1–3절

② 하나님은 예배를 위하여 장막과 성전을 세우게 하셨다.
"거기서 내가 너와 만나고 속죄소 위 곧 증거궤 위에 있는 두 그룹 사이에서 내가 이스라엘 자손을 위하여 네게 명할 모든 일을 네게 이르리라"–출애굽기 25장 22절

③ 사도 바울이 우리에게 영적 예배를 드리라고 권면하였다.
"그러므로 형제들아 내가 하나님의 모든 자비하심으로 너희를 권하노니 너희 몸을 하나님이 기뻐하시는 거룩한 산 제사로 드리라 이는 너희의 드릴 영적 예배니라"–로마서 12장 1절

그러므로 모든 부모는 자녀에게 예배를 교육해야 하는데 이때 잊지 말아야 할 중요한 사실 중 하나는 예배의 참 의미

는 받는데 있는 것이 아니라 드리는 데 있다는 사실이다.

하나님은 진실되고 겸손하며 감사하는 사람의 예배를 받으신다.

"하나님은 영이시니 예배하는 자가 신령과 진정으로 예배할찌니라"- 요한복음 4장 24절

"오라 우리가 굽혀 경배하며 우리를 지으신 여호와 앞에 무릎을 꿇자"- 시편 95편 6절

"여호와께서 내게 주신 모든 은혜를 무엇으로 보답할꼬…내가 주께 감사제를 드리고 여호와의 이름을 부르리이다"- 시편 116편 12-17절

둘째, 바른 인격으로 양육해야 한다.

(1) 사랑의 인격으로 양육해야 한다.

우리의 가장 큰 사랑의 모범은 바로 예수 그리스도이시다. 그분이 세상에 오심 자체가 우리를 향한 하나님의 사랑에 대한 확증이었고 그분의 지상 사역 가운데 사랑의 삶을 사셨던 모습은 성경 곳곳에서 찾아볼 수 있다.

"예수께서 나오사 큰 무리를 보시고 불쌍히 여기사 그 중에 있는 병인을 고쳐 주시니라"- 마태복음 14장 14절

성경은 그리스도인이 지녀야 할 사랑의 특성을 이렇게 묘사하고 있다.

"…사랑은 오래 참고 사랑은 온유하며 투기하는 자가 되지 아니하며 사랑은 자랑하지 아니하며 교만하지 아니하며 무례히 행치 아니하며 자기의 유익을 구치 아니하며 성내지 아니하며 악한 것을 생각지 아니하며 불의를 기뻐하지 아니하며 진리와 함께 기뻐하고 모든 것을 참으며 모든 것을 믿으며 모든 것을 바라며 모든 것을 견디느니라 사랑은 언제까지든지 떨어지지 아니하나 예언도 폐하고 방언도 그치고 지식도 폐하리라"–고린도전서 13장 1–8절

『손양원 목사는 한국 교회의 사랑의 사도이다.

그는 7세에 신앙생활을 시작하였는데 일본 동경에서 고학하던 시절 노방 전도를 나갔다가 신앙적인 깊은 체험을 한 후 온전히 주님께 헌신하는 생활을 하였다.

1948년의 여수 순천사건 때는 장성한 두 아들을 한꺼번에 잃는 고통을 겪었다. 그러나 그는 두 아들에게 총질을 한 공산 폭도들이 잡혔을 때 그들의 목숨을 건져주고 그들을 양자로 삼기까지 하여 거룩한 사랑을 베풀었다. 이 일은 세계에 알려진 사랑의 이야기이다.』

(2) 겸손한 인격으로 양육해야 한다.

"주 앞에서 낮추라 그리하면 주께서 너희를 높이시리
라"-야고보서 4장 10절

"신앙을 가지는 제1의 요건도 겸손이요 제2의 요건도
겸손이다."-어거스틴

우리는 성경에서 겸손으로 일관된 삶을 산 요한을 발견할
수 있다.
- 그는 여자가 낳은 자 중에 가장 큰 사람이었다.
- 그런데 그는 "나는 예수님의 신들메도 감당할 수 없다"
  라고 겸손해 하였다.
- 또 그는 "예수님은 흥하여야 하겠고 나는 쇠하여야 하
  리라"라고 강조하였다.

『웰링톤 장군이 나폴레옹을 물리치고 돌아와 교회에 들어가 예
배를 드릴 때 그 옆에 남루한 사람이 앉아서 같이 기도를 하고 있
었다. 그때 교회의 직원이 와서 그 남루한 사람에게 장군의 옆에
서 비켜나기를 요구하자 웰링톤 장군은 "하나님 앞에 서는 모든
사람이 다 귀하다"라고 말하면서 그 직원을 만류하였다.』

성경은 겸손의 진정한 의미를 다음과 같이 이야기한다.
① 자신이 죄인임을 인정하는 것(눅 18:13.14)
② 자신의 불쌍한 상태를 인식하는 것(눅 15:17-21)

③ 자신의 한계를 인정하는 것(왕상 3:6–14)

④ 하나님의 거룩하심을 인정하는 것(사 6:1–8)

⑤ 예수 그리스도의 귀함을 인식하는 것(빌 3:4–10)

겸손한 사람은 재물과 영광을 얻으며(잠 22:1) 주님께서 높여 주시고(약 4:10) 하늘나라에서 큰 자가 되는(마 18:4) 축복을 받는다.

(3) 희생의 인격으로 양육해야 한다.

"…한 알의 밀이 땅에 떨어져 죽지 아니하면 한 알 그대로 있고 죽으면 많은 열매를 맺느니라"– 요한복음 12장 24절

우리는 성경에서 희생의 삶을 산 믿음의 선배들을 찾아볼수 있다.

① 아브라함은 자기 독자 이삭을 하나님께 바쳤다(창 22:1–14).

② 예수께서 십자가의 희생을 담당하셨다.

③ 사도 바울이 희생의 삶을 살았다.

"또한 모든 것을 해로 여김은 내 주 그리스도 예수를 아는 지식이 가장 고상함을 인함이라 내가 그를 위하여 모든 것을 잃어버리고 배설물로 여김은 그리스도를 얻고 그 안에서 발견되려 함이니…"– 빌립보서 3장 8,9절

『1417년 뉴른베르그라는 조그마한 독일 촌락에서 태어난 알브

레히트 뒤러는 그림 공부를 하고 싶었지만 집이 가난하여 학교에 가서 공부할 수가 없었다. 그래서 자기 친구와 이야기해서 두 사람 중 한 사람이 노동을 하여 다른 사람의 학비를 대고, 그 사람이 공부를 마치면 그와 반대로 해서 둘이 다 공부를 하기로 약속했다. 그리하여 뒤러는 먼저 공부를 시작하고 그의 친구는 열심히 노동을 해서 그의 학비를 대주었다.

시간이 흘러 뒤러의 그림이 한 폭, 두 폭 팔리기 시작하자 그는 친구를 찾아갔다. 그런데 문을 열고 막 들어가려는 순간, 구석진 곳에서 친구가 두 손을 모아 기도하고 있었다.

"하나님, 나는 심한 노동으로 이제 그림 공부를 할 수가 없습니다. 그러나 내 사랑하는 친구 뒤러만큼은 세계적인 화가가 되게 해주시옵소서."

친구의 희생적인 삶으로 인해 뒤러는 유명한 화가로 성장할 수 있었다.』

(4) 용서의 인격으로 양육해야 한다.

하나님은 우리의 모든 죄를 아무 값없이 전부 용서하여 주셨다. 그런데 하나님으로부터 전폭적인 용서를 받은 우리가 다른 사람을 용서하지 않는다면, 우리는 결코 하나님을 기쁘시게 할 수 없다.

우리는 하나님께로부터 모든 죄를 용서받았기 때문에 서로 용서해야 한다. 또한 우리는 연약한 인간이기 때문에 서로 용서하며 살아야 한다.

우리는 성경에서 용서의 본을 보인 사람들을 찾을 수
있다.
① 야곱과 에서가 서로 용서하며 화해하였다(창 33:4-15).
② 요셉이 그의 가족을 용서하며 눈물을 흘렸다(창 45:8-15).
③ 모세가 미리암을 용서하였다(민 12:1-13).
④ 다윗이 용서의 본을 보였다(삼하 19:18-23).
⑤ 스데반이 자기에게 돌을 던진 군중들을 용서해 주었다
(행 7:60).

『위대한 성경 학자인 윌리엄 바클레이는 우리가 다른 사람을 비판
할 수 없고 서로 용서해야 하는 이유에 대해 다음과 같이 말했다.
첫째, 우리는 사람의 전부나 사건의 전부를 결코 다 알지 못하며
어떤 사람이 당한 환경과 유혹을 다 이해할 수 없기 때문에 서로
용서해야 한다.
둘째, 어떤 사람도 정확하게 공정한 판단을 내리기가 어렵기 때
문에 서로 용서해야 한다.
셋째, 다른 사람을 비판하거나 용서할 수 없을 만큼 선한 사람은
아무도 없기 때문에 우리는 서로 용서해야 한다.』

우리가 다른 사람을 용서하지 않을 때 하나님께서도 우리
를 용서하지 않으시며 우리의 기도를 듣지 않으신다. 한 마

디로 용서하지 않는 사람은 하나님과의 관계가 막혀 결코 평안의 복음을 전할 수가 없다. 그러므로 우리는 용서할 수 있는 데까지 용서해야 한다.

"너희는 스스로 조심하라 만일 네 형제가 죄를 범하거든 경계하고 회개하거든 용서하라 만일 하루 일곱번이라도 네게 죄를 얻고 일곱번 네게 돌아와 내가 회개하노라 하거든 너는 용서하라 하시더라" – 누가복음 17장 3,4절

결론

갈수록 청소년 범죄가 많아지고 부모의 권위가 상실되어 가는 이때, 모든 그리스도인 부모들이 해야 할 가장 중요한 역할은 자녀를 바르게 교육하는 일이다. 부모는 자기의 자녀들에게 하나님의 말씀을 교육해야 하며 기도를 교육해야 한다. 뿐만 아니라 자녀들이 하나님께 예배드리는 삶을 살도록 예배를 교육해야 한다.

그리고 부모가 해야 할 또 한 가지 중요한 역할은 자녀가 바른 인격을 갖춘 사람이 되도록 양육해야 한다. 사랑하는 자녀들이 이 세상의 가치관을 따라 살지 않고 하나님의 말씀에 따라 사랑의 인격, 겸손의 인격, 희생의 인격, 용서의 인격을 갖추는 사람이 되도록 자녀를 양육해야 한다.

3. 아버지의 모습

"자녀들아 너희 부모를 주 안에서 순종하라 이것이 옳으니라 네 아버지와 어머니를 공경하라 이것이 약속 있는 첫계명이니 이는 네가 잘 되고 땅에서 장수하리라 또 아비들아 너희 자녀를 노엽게 하지 말고 오직 주의 교양과 훈계로 양육하라" – 에베소서 6장 1–4절

서론

옛날 독일 속담에 "한 아버지는 열 아들을 키울 수 있으나 열 아들은 한 아버지를 봉양하지 못한다"라는 말이 있다.

아버지가 되기는 쉽지만 아버지 노릇하기는 어렵다.

옛날 우리 부모들은 "어떻게 하면 자식들을 굶기지 않고 훌륭하게 키울 것인가?"라는 것이 가장 중요한 문제였다. 그래서 모든 힘을 자식 키우는 일에 쏟으며 살아왔다.

『옛날 황해도 해주에 과수원을 하는 변기봉이라는 사람이 있었다. 그에게는 자식이 15명이나 있었는데 그중에 하나는 홍역으로, 다른 하나는 물에 빠져서, 또 하나는 나무에서 떨어져서 잃어버리고 12명을 키우며 살았다. 그중에 9형제는 농사를 짓고 3남매는 공부를 하였다.

영춘이는 고무공장 사장 집에서 심부름을 하며 틈틈이 공부해서 사장에게 인정을 받아 일본의 본사로 건너가서 고무공장 과장이 되었고, 영호는 법원장 댁에서 아이를 돌봐주며 독학으로 고등고 시에 합격해서 판사가 되었고, 영실이는 영복교회에 다니면서 목 사님께 신임을 얻어 주디 선교사 사무원으로 있다가 미국으로 가 서 공부하여 영어 교수가 되었다.

어느덧 세월이 흘러 변기봉 할아버지의 회갑연이 되었는데 그때 손자가 무려 50명이나 되었다. 아버님 회갑 때 고무공장 과장인 영춘이는 돈을 모아서 아버지께 집을 사드렸고, 판사가 된 영호 는 사시사철 좋은 꽃을 보며 배를 타고 즐길 수 있는 호수를 만들 어 드렸고, 영실이는 부모님을 미국에 모셔다가 명승 고적을 다 구경시켜드리고 세계 일주까지 시켜드렸다.

그는 회갑 잔치 후 20여 년을 더 살고 82세에 세상을 떠났는데 장례식날 조문객만 해도 무려 1,000여 명이 참석하였다. 목사님 께서 장례식 설교 때 "변기봉 할아버지는 고생도 많았지만 말년 에 이렇게 행복한 할아버지는 세상에 없다. 또 예수를 믿다 가셨 으니 천국에서 영광을 누리실 것이다. 자식이 많으면 괴로움도 많지만 자식이 없었으면 경사도 없었다"라고 말씀하셨다. 』

성경에도 아버지라는 말이 많이 등장한다.
　"비둘기 파는 사람들에게 이르시되 이것을 여기서 가져

가라 내 아버지의 집으로 장사하는 집을 만들지 말라 하시니"– 요한복음 2장 16절

"예수께서 저희에게 이르시되 내 아버지께서 이제까지 일하시니 나도 일한다 하시매…내가 진실로 진실로 너희에게 이르노니 아들이 아버지의 하시는 일을 보지 않고는 아무 것도 스스로 할 수 없나니 아버지께서 행하시는 그것을 아들도 그와 같이 행하느니라 아버지께서 아들을 사랑하사 자기의 행하시는 것을 다 아들에게 보이시고 또 그보다 더 큰 일을 보이사 너희로 기이히 여기게 하시리라"– 요한복음 5장 17–20절

"아들들아 아비의 훈계를 들으며 명철을 얻기에 주의하라"– 잠언 4장 1절

"…지혜로운 아들은 아비로 기쁘게 하거니와 미련한 아들은 어미의 근심이니라"– 잠언 10장 1절

날이 갈수록 아버지의 역할이 중요해지는 이 때 모든 그리스도인이 어떤 아버지가 되어야 하는지 성경을 통하여 살펴보자.

첫째, 믿음의 아버지가 되어야 한다.

모든 그리스도인은 아브라함처럼 믿음의 아버지가 되어야

한다. 아브라함은 믿음으로 의롭다 함을 받았다.

> "…우리가 말하기를 아브라함에게는 그 믿음을 의로 여기셨다 하노라"– 로마서 4장 9절

또한 아브라함은 믿음으로 하나님께 순종하여 약속의 땅을 기업으로 받았다.

> "…믿음으로 저가 외방에 있는것 같이 약속하신 땅에 우거하여 동일한 약속을 유업으로 함께 받은 이삭과 야곱으로 더불어 장막에 거하였으니 이는 하나님의 경영하시고 지으실 터가 있는 성을 바랐음이니라"– 히브리서 11장 8–10절

아브라함은 하나님의 부르심에 믿음으로 순종하였으며 믿음으로 독자 이삭을 하나님께 드렸다.

믿음이란 바라는 것들의 실상이며 보지 못하는 것들의 증거이다. 한 마디로 믿음은 하나님을 신뢰하는 것이다. 믿음이 없이는 구원을 받을 수 없고 하나님을 기쁘시게 할 수도 없다.

> "너희가 그 은혜를 인하여 믿음으로 말미암아 구원을 얻었나니 이것이 너희에게서 난 것이 아니요 하나님의 선물이라 행위에서 난 것이 아니니 이는 누구든지 자랑치 못하게 함이니라"– 에베소서 2장 8,9절

"믿음이 없이는 기쁘시게 못하나니 하나님께 나아가는 자는 반드시 그가 계신 것과 또한 그가 자기를 찾는 자들에게 상 주시는 이심을 믿어야 할찌니라" - 히브리서 11장 6절

① 우리는 믿음을 통하여 죄 사함을 받는다.
"…저를 믿는 사람들이 다 그 이름을 힘입어 죄 사함을 받는다 하였느니라" - 사도행전 10장 43절

② 우리는 믿음을 통하여 하나님의 자녀가 된다.
"영접하는 자 곧 그 이름을 믿는 자들에게는 하나님의 자녀가 되는 권세를 주셨으니" - 요한복음 1장 12절
"너희가 다 믿음으로 말미암아 그리스도 예수 안에서 하나님의 아들이 되었으니" - 갈라디아서 3장 26절

③ 우리는 믿음을 통하여 의롭다 여김을 받는다.
"그러므로 우리가 믿음으로 의롭다 하심을 얻었은즉 우리 주 예수 그리스도로 말미암아 하나님으로 더불어 화평을 누리자" - 로마서 5장 1절
"…이 사람을 힘입어 믿는 자마다 의롭다 하심을 얻는 이것이라" - 사도행전 13장 39절
우리는 믿음을 통하여 거룩하게 된다.
"…죄 사함과 나를 믿어 거룩케 된 무리 가운데서 기업을 얻게 하리라 하더이다" - 사도행전 26장 18절

④ 우리는 믿음을 통하여 하나님의 보호하심을 입는다.

"내가 저희에게 영생을 주노니 영원히 멸망치 아니할 터이요 또 저희를 내 손에서 빼앗을 자가 없느니라"– 요한복음 10장 28절

"너희가 말세에 나타내기로 예비하신 구원을 얻기 위하여 믿음으로 말미암아 하나님의 능력으로 보호하심을 입었나니"– 베드로전서 1장 5절

⑤ 우리는 믿음을 통하여 하나님의 능력을 체험한다.

"예수께서 이르시되 할 수 있거든이 무슨 말이냐 믿는 자에게는 능치 못할 일이 없느니라 하시니"– 마가복음 9장 23절

⑥ 우리는 믿음을 통하여 안식에 들어간다.

"이미 믿는 우리들은 저 안식에 들어가는도다…"– 히브리서 4장 3절

한 마디로 그리스도인의 삶은 믿음으로 시작되어 믿음으로 유지되며 믿음으로 완성된다.

"복음에는 하나님의 의가 나타나서 믿음으로 믿음에 이르게 하나니 기록된바 오직 의인은 믿음으로 말미암아 살리라 함과 같으니라"– 로마서 1장 17절

그러므로 우리는 믿음으로 기도해야 한다.

"너희가 기도할 때에 무엇이든지 믿고 구하는 것은 다 받으리라 하시니라"– 마태복음 21장 22절

우리는 믿음으로 악을 방어하고 세상을 이겨야 한다.
"모든 것 위에 믿음의 방패를 가지고 이로써 능히 악한 자의 모든 화전을 소멸하고"– 에베소서 6장 16절

또한 우리는 믿음으로 살다가 믿음으로 죽어야 한다.
"이 사람들은 다 믿음을 따라 죽었으며 약속을 받지 못하였으되 그것들을 멀리서 보고 환영하며 또 땅에서는 외국인과 나그네로라 증거하였으니"– 히브리서 11장 13절

그러므로 모든 그리스도인은 무엇보다도 믿음의 아버지가 되어야 한다.

둘째, 인내의 아버지가 되어야 한다.

모든 그리스도인은 탕자의 아버지처럼 인내하고 기다리며 받아주는 아버지가 되어야 한다.
"…이에 일어나서 아버지께로 돌아가니라 아직도 상거가 먼데 아버지가 저를 보고 측은히 여겨 달려가 목을 안고 입을 맞추니…"– 누가복음 15장 18–24절

우리 하나님은 끝까지 기다리시는 하나님이시다.

"보라 인내하는 자를 우리가 복되다 하나니 너희가 욥의 인내를 들었고 주께서 주신 결말을 보았거니와 주는 가장 자비하시고 긍휼히 여기는 자시니라"– 야고보서 5장 11절

"…오라 우리가 서로 변론하자 너희 죄가 주홍 같을찌라도 눈과 같이 희어질 것이요 진홍 같이 붉을찌라도 양털 같이 되리라"– 이사야 1장 18절

"주의 약속은 어떤이의 더디다고 생각하는 것 같이 더딘 것이 아니라 오직 너희를 대하여 오래 참으사 아무도 멸망치 않고 다 회개하기에 이르기를 원하시느니라"
– 베드로후서 3장 9절

『 돌아와 돌아와 맘이 곤한 이여,

길이 참 어둡고 매우 험악하니

집을 나간 자여, 어서 와 돌아와 어서 와 돌아오라.

돌아와 돌아와 해가 질 때까지

기다리고 계신 우리 아버지께

집을 나간 자여, 어서 와 돌아와 어서 와 돌아오라. 』

주님은 문둥 병자도 받아 주셨다.

"…한 문둥병자가 나아와 절하고 가로되 주여 원하시면 저를 깨끗케 하실 수 있나이다 하거늘 예수께서 손을 내밀어 저에게 대시며 가라사대 내가 원하노니 깨끗함을

받으라 하신대 즉시 그의 문둥병이 깨끗하여진지라"- 마
태복음 8장 1–3절

주님은 소경도 받아주셨다.

"…예수께서 머물러 서서 명하여 데려오라 하셨더니 저
가 가까이 오매 물어 가라사대 네게 무엇을 하여 주기를
원하느냐 가로되 주여 보기를 원하나이다 예수께서 저
에게 이르시되 보아라 네 믿음이 너를 구원하였느니라
하시매…"- 누가복음 18장 35–43절

이와 같이 모든 그리스도인은 기다리고 인내하며 받아주
는 아버지가 되어야 한다.

셋째, 용서의 아버지가 되어야 한다.

모든 그리스도인은 우리 주님처럼 용서하는 아버지가 되
어야 한다.

"너희가 사람의 과실을 용서하면 너희 천부께서도 너희
과실을 용서하시려니와 너희가 사람의 과실을 용서하
지 아니하면 너희 아버지께서도 너희 과실을 용서하지
아니하시리라"- 마태복음 6장 14,15절

"그 때에 베드로가 나아와 가로되 주여 형제가 내게 죄
를 범하면 몇번이나 용서하여 주리이까 일곱번까지 하

오리이까 예수께서 가라사대 네게 이르노니 일곱번 뿐 아니라 일흔번씩 일곱번이라도 할찌니라" – 마태복음 18장 21,22절

우리가 서로 용서하며 살아야 하는 이유는 다음과 같다.

첫째, 우리가 하나님께로부터 모든 죄를 용서받았기 때문에 우리도 마땅히 용서해야 한다.
"…이에 주인이 저를 불러다가 말하되 악한 종아 네가 빌기에 내가 네 빚을 전부 탕감하여 주었거늘 내가 너를 불쌍히 여김과 같이 너도 네 동관을 불쌍히 여김이 마땅치 아니하냐 하고…" – 마태복음 18장 21–35절

둘째, 우리는 연약한 인간이기 때문에 서로 용서하며 살아야 한다.
"…어찌하여 형제의 눈속에 있는 티는 보고 네 눈속에 있는 들보는 깨닫지 못하느냐…외식하는 자여 먼저 네 눈속에서 들보를 빼어라 그 후에야 밝히 보고 형제의 눈속에서 티를 빼리라" – 마태복음 7장 1–5절
"…이에 일어나 가라사대 너희 중에 죄 없는 자가 먼저 돌로 치라 하시고…" – 요한복음 8장 1–11절

셋째, 우리 주 예수 그리스도께서 서로 용서하라고 말씀하

셨기 때문에 우리도 용서해야 한다.

"서로 인자하게 하며 불쌍히 여기며 서로 용서하기를 하나님이 그리스도 안에서 너희를 용서하심과 같이 하라"– 에베소서 4장 32절

"너희는 스스로 조심하라 만일 네 형제가 죄를 범하거든 경계하고 회개하거든 용서하라 만일 하루 일곱번이라도 네게 죄를 얻고 일곱번 네게 돌아와 내가 회개하노라 하거든 너는 용서하라 하시더라"– 누가복음 17장 3,4절

우리가 다른 사람을 용서할 때 자신의 허물도 용서받게 된다.

"서서 기도할 때에 아무에게나 혐의가 있거든 용서하라 그리하여야 하늘에 계신 너희 아버지도 너희 허물을 사하여 주시리라 하셨더라"– 마가복음 11장 25절

우리가 다른 사람을 용서할 때 성도의 교제가 회복된다.

"그런즉 너희는 차라리 저를 용서하고 위로할 것이니 저가 너무 많은 근심에 잠길까 두려워하노라"– 고린도후서 2장 7절

우리가 다른 사람을 용서할 때 마음의 평안을 얻게 되며 좋은 인간관계를 유지하게 된다.

그러므로 모든 그리스도인은 용서하는 아버지가 되어야 한다.

결론

아버지가 어떤 사람이며 어떤 삶을 사는가에 따라 그 자녀들의 인격과 삶이 결정된다. 오늘날 많은 아버지들이 오직 돈을 벌기에 급급하여 자녀를 돌보는 일에는 신경을 쓰지 않고 있다. 그러므로 오늘날 대부분의 가정이 아버지와 자녀의 대화가 없이 따로따로 살아가며 자녀가 아버지의 영향을 받지 못하는 형편에 처해 있다.

그리하여 많은 자녀들이 외로워하고 있으며 부모의 권위가 땅에 떨어지고 있다. 이와 같은 때 우리 모든 그리스도인은 믿음의 아버지, 인내하고 기다리며 받아주는 아버지, 용서의 아버지가 되어 자녀가 하나님의 사람이 되고 예수 그리스도의 형상을 닮을 수 있도록 올바르게 양육해야 한다.

4. 네 부모를 즐겁게

"너 낳은 아비에게 청종하고 네 늙은 어미를 경히 여기지 말지니라 진리를 사고서 팔지 말며 지혜와 훈계와 명철도 그리할지니라 의인의 아비는 크게 즐거울 것이요 지혜로운 자식을 낳은 자는 그를 인하여 즐거울 것이니라 네 부모를 즐겁게 하며 너 낳은 어미를 기쁘게 하라 내 아들아 네 마음을 내게 주며 네 눈으로 내 길을 즐거워할지어다" – 잠언 23장 22–26절

서론

6.25전쟁 중 크리스마스 이브에 있었던 일이다.

어느 가난한 산모가 만삭이 되었으나 산부인과까지 가서 해산할 수가 없어 잘 아는 선교사에게 도움을 청하려 했다. 그러나 가는 도중에 산기가 있어 다리 밑의 바람이 불지 않는 구석에서 혼자 아이를 낳았다. 산모는 너무 추워서 자신의 겉옷을 벗어 어린아이를 쌌지만 그래도 추울 것 같아 속옷까지 벗어서 어린아이를 덮고 자신의 체온으로 아이를 따뜻하게 했다.

한편, 한밤중에 크리스마스 선물을 돌리려고 나선 선교사는 그 길을 가다가 마침 다리 위에서 연료가 떨어져 더 이상

자동차가 움직이지 않았다. 그런데 갑자기 다리 밑에서 아이 우는 소리가 들렸다. 선교사가 다리 밑으로 내려갔더니 그 곳에는 한 여인이 아기를 껴안고 누워 있었는데 여인은 벌써 차디찬 시체로 굳어 있었고 아기만 엄마 젖을 찾고 있었다. 선교사는 여인의 장례를 치러주고 아이를 자기 집에 데려와 키웠다.

10여 년이 지난 후 아이가 엄마에 대하여 질문하자 선교사는 지난날의 이야기를 자세히 들려주었다. 그러자 어느 추운 날, 아이는 엄마의 무덤을 찾아가서 자기 옷을 벗어 무덤에 덮어 주며 울었다고 한다.

> 『낳실제 괴로움 다 잊으시고
> 기를 제 밤낮으로 애쓰는 마음
> 진 자리 마른 자리 갈아 뉘시며
> 손발이 다 닳도록 고생하시네
> 하늘 아래 그 무엇이 넓다 하리요
> 어머님의 희생은 가이 없어라.』

"아비를 조롱하며 어미 순종하기를 싫어하는 자의 눈은 골짜기의 까마귀에게 쪼이고 독수리 새끼에게 먹히리 라" – 잠언 30장 17절

우리가 부모를 공경하고 효도하며 즐겁게 해드려야 하는

이유는 무엇인가?

첫째, 하나님의 명령이기 때문이다.

> "네 부모를 공경하라 그리하면 너의 하나님 나 여호와
> 가 네게 준 땅에서 네 생명이 길리라" – 출애굽기 20장 12절
> "하나님이 이르셨으되 네 부모를 공경하라 하시고 또
> 아비나 어미를 훼방하는 자는 반드시 죽으리라 하셨거
> 늘" – 마태복음 15장 4절
> "너는 너의 하나님 여호와의 명한대로 네 부모를 공경
> 하라 그리하면 너의 하나님 여호와가 네게 준 땅에서 네
> 가 생명이 길고 복을 누리리라" – 신명기 5장 16절

(1) 순종하는 마음으로 부모를 즐겁게 해드려야 한다.

> "자녀들아 모든 일에 부모에게 순종하라 이는 주 안에
> 서 기쁘게 하는 것이니라" – 골로새서 3장 20절

브릭슨은 "부모에 대한 신뢰와 존경이 있는 사람이 하나님
을 신뢰하고 하나님께 순종할 수 있다"라고 말했다.

『시골에 아들의 효성을 자랑하는 두 사람이 있었다. 두 사람은
자기 아들들의 효성을 시험해 보기로 하고 먼저 갑의 집으로 갔

다. 갑이 아들에게 "외양간의 소를 몰고 지붕으로 올라가거라"라고 하자 아들은 잠시 생각하다가 "아버지, 소가 어떻게 지붕으로 올라갑니까?"라면서 거절했다. 갑은 체면을 잃었다.

이번에는 을의 집으로 가서 을의 아들에게 똑같이 명령했다. 을의 아들은 주저하지 않고 공손히 대답하고는 외양간에 가서 소를 끌고 와 사다리를 놓고 "이랴 이랴"라며 소를 끌고 올라가려고 했다. 그 모습을 본 아버지가 "알겠다. 이제 그만두어라"라며 만류했다고 한다.

불가능한 줄 알면서도 순종하려 한 그 아들이 귀한 아들이다. 』

(2) 불효하면 하나님의 벌을 받는다.

엘리 제사장의 두 아들은 그 아버지의 가르침을 받지 않고 불효하며 제 고집대로 망령되이 행하였으므로 하나님의 징벌을 받았다.

"하나님의 궤는 빼앗겼고 엘리의 두 아들 홉니와 비느하스는 죽임을 당하였더라" – 사무엘상 4장 11절

"사람이 사람에게 범죄하면 하나님이 판결하시려니와 사람이 여호와께 범죄하면 누가 위하여 간구하겠느냐 하되 그들이 그 아비의 말을 듣지 아니하였으니 이는 여호와께서 그들을 죽이기로 뜻하셨음이었더라" – 사무엘상 2장 25절

"그 부모를 경홀히 여기는 자는 저주를 받을 것이라 할 것이요 모든 백성은 아멘 할찌니라" – 신명기 27장 16절

"자기의 아비나 어미를 저주하는 자는 그 등불이 유암 중에 꺼짐을 당하리라" – 잠언 20장 20절

『교회에 나오기 시작한 지 얼마 되지 않은 한 새 신자가 고조부의 제사 문제로 갈등이 생겼다.

그래서 목사님을 모셔 이렇게 말했다.

"이제 아내도 교회에 나가고 나도 나갈 예정인데 제사 때문에 못 나가겠습니다. 제사 대신 교회에서는 추도 예배로 조상을 잘 모신다는데 그렇게 해 주시면 교회에 나가겠습니다."

그러고는 추모사를 쓰기 위해 고조부의 이름, 생일, 고향, 슬하의 자녀, 업적 등을 묻자, 그에 대해서는 전혀 아는 바가 없었다. 목사가 "그러면 어떻게 제문을 써서 제사를 지냈습니까"라고 묻자 그는 "내가 태어나기 전에 돌아가셔서 아무것도 모르니 헛 제사를 지내 왔지요"라고 대답하였다.』

맹자는 불효를 다섯 가지로 말했다.
● 수족을 게을리하여 부모를 살아서 섬기지 못한 것
● 도박과 음주를 즐기면서 부모를 섬기지 못한 것
● 재물 욕심과 제 처자만 알면서 부모를 섬기지 않은 것
● 듣고 보는 대로 지껄이며 부모의 체면을 손상시킨 것
● 불량배들과 다니면서 부모의 신변까지 위험을 끼친 것

『미국 대통령이었던 윌리엄 매킨리가 어머니에게 효도한 사실을

보면 변호사로서, 국회의원으로서, 주지사로서, 대통령으로서 봉직하던 바쁜 중에도 매일 소식을 전했다.

1897년 10월 중순 경에 그는 누구에게도 알리지 않고 백악관에서 고향인 오하이오에 가서 어머니를 뵙고 왔다.

1897년 12월 12일 그의 어머니는 54세 된 아들 맥킨리의 품에서 세상을 떠났다.

바빠서 효도 못 한다는 핑계는 할 수 없다.』

(3) 부모를 즐겁게 하면 하나님의 축복을 받는다.

"자녀들아 너희 부모를 주 안에서 순종하라 이것이 옳으니라 네 아버지와 어머니를 공경하라 이것이 약속 있는 첫계명이니 이는 네가 잘 되고 땅에서 장수하리라"
– 에베소서 6장 1–3절

장수의 축복을 받는다.
"너는 너의 하나님 여호와의 명한대로 네 부모를 공경하라 그리하면 너의 하나님 여호와가 네게 준 땅에서 네가 생명이 길고 복을 누리리라"– 신명기 5장 16절

『충남 대덕군 탄동면 외삼리 삼산교회 정태례 집사는 정부로부터 효행상을 받았다. 정 집사는 어린 시절 고생을 모르고 자랐으나 가난한 집으로 시집을 와 심한 고생을 겪으며 살던 중 남편이 교통사고로 사망하였다.

시아버지는 중풍으로 누웠고 정신병을 앓는 시누이와 세 명의 시동생이 있었다. 정 집사에게도 아이 셋이 있어 도저히 혼자 힘으로는 그들을 부양할 수 없는 상황이었다.

그러나 하나님을 열심히 믿으며 농사 일이고, 손수레 끄는 일이고, 가정 일이고, 닥치는 대로 해서 연명을 해나갔다. 시아버지의 대소변을 받아 내고 정신병자 시누이의 비위를 맞추면서도 얼굴 한 번 찡그리지 않고 시동생 셋과 아이들 셋을 공부시켰다.

한동안은 많은 사람들이 그녀를 보며 며칠 못 살고 도망갈 것이라고 말했다. 그러나 그녀는 후에 효부상을 받고서 "하나님이 힘 주셔서 내 할 일을 했을 뿐"이라고 말했다.』

둘째, 인간의 도리이기 때문이다.

"만일 어떤 과부에게 자녀나 손자들이 있거든 저희로 먼저 자기 집에서 효를 행하여 부모에게 보답하기를 배우게 하라 이것이 하나님 앞에 받으실만한 것이니라"-
디모데전서 5장 4절

마가복음에 보면 아주 흥미있는 주님의 말씀이 기록되어 있다.

예수님 당시 어떤 사람들이 부모를 공경하지 않는 이유로 하나님을 들먹였던 사건을 다룬 이야기이다.

그 당시 이스라엘 백성들은 '고르반', 즉 '하나님께 드렸기 때문에 부모에게는 아무것도 드릴 것이 없다'하여 부모를 공경하지 않는 사람이 있었다. 주님은 그들이 의도적으로 하나님의 말씀을 폐하고 있다고 그들을 신랄하게 책망하셨다.

"너희의 전한 유전으로 하나님의 말씀을 폐하며 또 이 같은 일을 많이 행하느니라 하시고" – 마가복음 7장 13절

우리가 부모를 공경하고 부모를 즐겁게 해드려야 하는 이유는 그것이 마땅한 인간의 도리이기 때문이다.

셋째, 어떻게 하는 것이 부모를 즐겁게 해드리는 것인가?

- 부모의 인격을 존중해야 한다.
- 부모에게 순종해야 한다.
- 부모를 사랑해야 한다.
- 부모님께 감사드리며 부모님을 섬겨야 한다.

사도 바울은 자기 가족을 돌보지 않는 사람을 가리켜 믿음을 배반한 자요 불신자보다 더 악한 자라고 경고하였다.

결론

자식이 부모에게 아무리 잘해도 부모가 자식에게 해주는 만큼은 미치지 못할 것이다. 모든 그리스도인은 마땅히 그의 부모를 공경하고 즐겁게 해드려야 하는데, 그 이유는 첫째, 하나님의 명령이기 때문이다. 우리가 부모에게 순종하고 부모를 즐겁게 해드리면 하나님의 축복을 받지만, 부모에게 불효하면 하나님의 벌을 받는다. 둘째, 인간의 마땅한 도리이기 때문이다.

우리가 부모를 즐겁게 해드리기 위해서는 첫째, 부모의 인격을 존중해야 하며 둘째, 부모에게 순종해야 한다. 그리고 셋째, 부모를 사랑해야 하며 넷째, 부모님께 감사드리고 부모님을 섬겨야 한다.

5. 어린아이들을 안고

"사람들이 예수의 만져주심을 바라고 어린 아이들을 데리고 오매 제자들이 꾸짖거늘 예수께서 보시고 분히 여겨 이르시되 어린 아이들의 내게 오는 것을 용납하고 금하지 말라 하나님의 나라가 이런 자의 것이니라 내가 진실로 너희에게 이르노니 누구든지 하나님의 나라를 어린 아이와 같이 받들지 않는 자는 결단코 들어가지 못하리라 하시고 그 어린 아이들을 안고 저희 위에 안수하시고 축복하시니라" – 마가복음 10장 13–16절

서론

"3월은 바람이요, 4월은 봄이요, 5월은 꽃"이라는 말이 있다.

5월 첫 주일은 어린이 주일이다. 자녀를 사랑하는 마음은 어느 부모나 마찬가지일 것이다.

맹자의 어머니는 아들의 교육을 위해 세 번이나 이사를 했다. 장터에서 살다 보니 아들이 장사꾼 흉내만 냈고, 공동 묘지 근처로 이사하니 매일 상여를 메고 장사지내는 흉내만 냈다. 성인들이 인재 교육을 하는 향교 근처로 이사를 하니 학자들의 예의와 경전을 읽는 흉내를 내어 기뻐하며 그 곳에

오래 살았다고 한다.

세계적인 교육가 루소는 "식물은 재배에 의해서 번식하고, 인간은 교육에 의해서 다듬어진다"라고 말하였다.

> "자식은 여호와의 주신 기업이요 태의 열매는 그의 상급이로다 젊은 자의 자식은 장사의 수중의 화살 같으니 이것이 그 전통에 가득한 자는 복되도다 저희가 성문에서 그 원수와 말할 때에 수치를 당치 아니하리로다"
> – 시편 127편 3–5절

> 『어린아이가 원망 가운데 살면 비난만 배우고
> 어린아이가 적대 가운데 살면 싸움만 배우고
> 어린아이가 조롱 가운데 살면 수줍어하는 것만 배우고
> 어린아이가 격려 가운데 살면 자신감을 배우고
> 어린아이가 관용 가운데 살면 인내를 배우고
> 어린아이가 칭찬 가운데 살면 존경하는 것을 배우고
> 어린아이가 주는 것 가운데 살면 사랑을 배우고
> 어린아이가 정직한 가운데 살면 진리를 배운다.』

프랑스 속담에 "어린아이는 어른이 가르치는 대로 자란다"라는 말이 있고, 한국 속담에는 "아이 보는 데서는 찬물도 못 마신다"라는 말이 있다. 영국 속담에는 "아이는 집에서 들은 말을 곧 밖으로 옮긴다"라는 말과 "자녀가 너무 많

으면 괴로움이 많으나 어린아이가 없으면 경사도 없다"라는 말이 있다. 우리가 어린아이들에 대해 무엇을 알아야 하며, 무엇을 해야 하는지 생각해 보자.

첫째, 어린아이들을 주님 앞으로 인도하여야 한다.

"사람들이 예수의 만져주심을 바라고 어린 아이들을 데리고 오매 제자들이 꾸짖거늘 예수께서 보시고 분히 여겨 이르시되 어린 아이들의 내게 오는 것을 용납하고 금하지 말라 하나님의 나라가 이런 자의 것이니라"–마가복음 10장 13,14절

(1) 어린아이들이 축복받도록 주님 앞으로 인도하여야 한다.

"여호와의 이름으로 오는 자가 복이 있음이여 우리가 여호와의 집에서 너희를 축복하였도다" – 시편 118편 26절

구원의 축복을 받도록 주님 앞으로 인도하여야 한다.
"기록한바 의인은 없나니 하나도 없으며" – 로마서 3장 10절
"모든 사람이 죄를 범하였으매 하나님의 영광에 이르지 못하더니" – 로마서 3장 23절
"내가 죄악 중에 출생하였음이여 모친이 죄 중에 나를

잉태하였나이다"_{- 시편 51편 5절}

우리는 모두 처음부터 죄를 갖고 태어났으며 이 세상의 모든 사람이 죄인이다. 그러므로 우리 아이들은 하나님 앞에 모두 죄인이다.

말을 배우기도 전에 거짓말을 배우고 걷기도 전에 도둑질을 먼저 배우는 것이 인생이다. 거짓말을 가르치는 부모가 어디 있으며, 욕을 가르치는 부모가 어디 있겠는가? 하지만 어디서 배웠는지 우리 아이들은 모두 욕을 하고 거짓말을 한다.

영국의 시인 벤 존슨은 "제1의 죄를 은폐하는 사람은 제3의 죄를 범한다"라고 했다.

작은 죄를 그냥 두면 큰 죄를 범하게 된다.

"오직 각 사람이 시험을 받는 것은 자기 욕심에 끌려 미혹됨이니 욕심이 잉태한즉 죄를 낳고 죄가 장성한즉 사망을 낳느니라"_{- 야고보서 1장 14,15절}

『변공수와 심재섭이라는 아이 둘이 학교 운동장에서 놀고 있었다. 공수가 재섭이를 발로 찬다는 것이 그만 잘못되어 공수의 운동화가 벗겨져 날아가 학교 담 옆의 노인 댁 살구나무 가지에 걸려 내려오지 않았다. 재섭이가 아버지의 부름을 듣고 집으로 돌아간 뒤 공수는 혼자서 운동화를 꺼내려고 애를 쓰다가 운동화를 향해 돌멩이를 던졌다. 다행히 운동화는 아래로 떨어졌으나 그 돌멩이에 맞아 간장독이 깨지고 말았다. 공수는 재빨리 집으로 도망쳤고 범인을 잡지 못한 노인은 학교에 항의를 하고 교장 선생님과 학생들에게 욕을 퍼부었다.

두 달이 지난 후, 공수는 괴로움을 견딜 수가 없어 이 사실을 동네 교회 목사님께 말씀드리고 조언을 구했다.

"먼저 부모님께 다 말씀드리고 용서를 받아 그 손해에 대해 책임져 주시기를 부탁드리고 노인께도 용서를 빌어라."

공수가 부모님께 그 일을 다 털어놓자 부모님은 의외로 기뻐하시며 배상금을 주었다. 공수가 노인을 찾아가 실토하고 배상금을 내놓자 노인은 "기특하다"라며 배상금을 되돌려 보냈다. 이 이야기는 교장 선생님에게도 알려져 공수는 다음 해 어린이날 표창을 받았다. 용서의 축복이란 이처럼 귀한 것이다. 』

우리 아이들이 죄를 용서받고 구원의 축복을 다 받도록 그들을 주님 앞으로 인도하여야 한다.

> "너희가 그 은혜를 인하여 믿음으로 말미암아 구원을 얻었나니 이것이 너희에게서 난 것이 아니요 하나님의 선물이라 행위에서 난 것이 아니니 이는 누구든지 자랑치 못하게 함이니라" – 에베소서 2장 8,9절

또한 잘 되는 축복을 받도록 주님 앞으로 인도하여야 한다.

"만일 여호와를 섬기는 것이 너희에게 좋지 않게 보이
거든 너희 열조가 강 저편에서 섬기던 신이든지 혹 너
희의 거하는 땅 아모리 사람의 신이든지 너희 섬길 자를
오늘날 택하라 오직 나와 내 집은 여호와를 섬기겠노라"
– 여호수아 24장 15절

주님을 믿고 망한 사람은 거의 없다.
"내가 어려서부터 늙기까지 의인이 버림을 당하거나 그
자손이 걸식함을 보지 못하였도다"– 시편 37편 25절
"그런즉 너희 하나님 여호와께서 너희에게 명령하신대
로 너희는 삼가 행하여 좌로나 우로나 치우치지 말고 너
희 하나님 여호와께서 너희에게 명하신 모든 도를 행하
라 그리하면 너희가 삶을 얻고 복을 얻어서 너희의 얻은
땅에서 너희의 날이 장구하리라"– 신명기 5장 32,33절

(2) 어린아이의 교육을 위하여 주님 앞으로 인도하여야
한다.

"수고하고 무거운 짐진 자들아 다 내게로 오라 내가 너
희를 쉬게 하리라 나는 마음이 온유하고 겸손하니 나의
멍에를 메고 내게 배우라 그러면 너희 마음이 쉼을 얻으
리니"– 마태복음 11장 28,29절

『어느 산모가 아들을 낳았다는 말을 듣자마자 간호사에게 "제 남

편에게 전화를 걸어서 일류 대학 부속 유치원 근처에 땅을 사라고 말해 주세요"라고 부탁했다. 아이가 태어나자마자 세계 문학 전집을 사다 주고 당장 어른이 되고 위인이 되기를 바라는 교육에 대한 열성은 인정해 주어야 한다. 그러나 무엇을 어떻게 가르치느냐가 더욱 중요하다.』

『어린이 예찬에 대한 해설은 다음과 같다.
● 어린이는 어른보다 더 새로운 사람이며 더 높게
   대접해야 한다.
● 어린이는 결코 윽박지르지 말고 항상 즐겁게 생활하도록
   해주어야 한다.
● 어린이는 항상 칭찬하며 키워야 하고 몸을 잘 간수하도록
   해야 한다.
● 어린이는 돈과 과자를 주는 것보다 늘 책을 읽도록
   해주어야 한다.』

『1964년 제5회 전국 기독교 교육 대회에서는 다음과 같은 기독교 어린이 권리 선언을 선포했다.
● 어린이는 완전한 인격자로서 권리를 가졌다.
● 어린이는 배울 권리와 양육받을 권리가 있다.
● 어린이는 보호받을 권리와 평화를 누릴 권리가 있다.』

수산나 웨슬레는 19명의 자녀를 낳아서 10명을 훌륭하게

키운 사람이다. 그는 열다섯 가지의 규칙으로 자녀를 키웠는데 그중에는 다음과 같은 것들이 있다.

- 말을 배우자 마자 곧 기도를 가르치라.
- 거짓말을 막으라.
- 악한 행실에는 반드시 벌을 주라.
- 선을 장려하고 상을 주라.
- 모든 약속을 지키라.
- 매를 무서워하도록 가르치라.

① 어린아이들에게 하나님의 말씀을 가르쳐야 한다.
"하나님의 말씀은 살았고 운동력이 있어 좌우에 날선 어떤 검보다도 예리하여 혼과 영과 및 관절과 골수를 찔러 쪼개기까지 하며 또 마음의 생각과 뜻을 감찰하나니"
– 히브리서 4장 12절

"또 아비들아 너희 자녀를 노엽게 하지 말고 오직 주의 교양과 훈계로 양육하라" – 에베소서 6장 4절

"청년이 무엇으로 그 행실을 깨끗케 하리이까 주의 말씀을 따라 삼갈 것이니이다 내가 전심으로 주를 찾았사오니 주의 계명에서 떠나지 말게 하소서 내가 주께 범죄치 아니하려 하여 주의 말씀을 내 마음에 두었나이다"
– 시편 119편 9–11절

"주의 말씀은 내 발에 등이요 내 길에 빛이니이다"
– 시편 119편 105절

② 어린아이들에게 기도를 가르쳐야 한다.

"항상 기도하고 낙망치 말아야 될 것을 저희에게 비유로 하여" – 누가복음 18장 1절

"구하라 그러면 너희에게 주실 것이요 찾으라 그러면 찾을 것이요 문을 두드리라 그러면 너희에게 열릴 것이니" – 마태복음 7장 7절

"너는 내게 부르짖으라 내가 네게 응답하겠고 네가 알지 못하는 크고 비밀한 일을 네게 보이리라" – 예레미야 33장 3절

"그러므로 내가 첫째로 권하노니 모든 사람을 위하여 간구와 기도와 도고와 감사를 하되 임금들과 높은 지위에 있는 모든 사람을 위하여 하라…" – 디모데전서 2장 1,2절

"너희 중에 누구든지 지혜가 부족하거든 모든 사람에게 후히 주시고 꾸짖지 아니하시는 하나님께 구하라 그리하면 주시리라" – 야고보서 1장 5절

③ 어린아이들에게 겸손을 가르쳐야 한다.

"그는 흥하여야 하겠고 나는 쇠하여야 하리라 하니라" – 요한복음 3장 30절

"젊은 자들아 이와 같이 장로들에게 순복하고 다 서로 겸손으로 허리를 동이라 하나님이 교만한 자를 대적하시되 겸손한 자들에게는 은혜를 주시느니라 그러므로 하나님의 능하신 손 아래서 겸손하라 때가 되면 너희를

높이시리라"– 베드로전서 5장 5,6절

　우리는 모두 피조물이기 때문에 겸손해야 한다. 또한 우리는 모두 죄인이기 때문에 겸손해야 하며, 무엇보다도 우리는 성도이기 때문에 겸손해야 한다.

둘째, 어린아이 같아야 천국에 간다.

　"내가 진실로 너희에게 이르노니 누구든지 하나님의 나라를 어린 아이와 같이 받들지 않는 자는 결단코 들어가지 못하리라 하시고"– 마가복음 10장 15절

(1) 어린아이는 꽃이다.

① 꽃은 아름답다.
『피부는 비단보다 부드럽고
뺨은 솜보다 토실하고
눈은 별 보다 빛나고
하나님의 예술품 중 갓난 아이만큼 훌륭한 것이 있을까?

빵긋빵긋하고 웃는 얼굴
쌕쌕하고 자는 모습

배고파 우는 눈물

그 누가 어린아이를 보고 화를 낼 수 있을까?

하루 종일 시간 가는 줄 모르고 엄마는 지낸다.

뱀을 보고 하루 종일 있을 사람이 어디 있고

강아지를 보고 하루 종일 있을 사람이 어디 있고

고양이를 보고 하루 종일 있을 사람이 어디 있나?

그러나 어린아이는 그렇지 않다. 』

② 꽃은 향기롭다.

아카시아 향기, 라일락 향기, 장미 향기, 꽃 향기는 하루
종일 맡아도 지루하지 않다. 우리에게는 그리스도의 향기가
있다.

"항상 우리를 그리스도 안에서 이기게 하시고 우리로
말미암아 각처에서 그리스도를 아는 냄새를 나타내시
는 하나님께 감사하노라" – 고린도후서 2장 14절

③ 꽃은 또한 열매를 의미한다.

"나는 포도나무요 너희는 가지니 저가 내 안에, 내가 저
안에 있으면 이 사람은 과실을 많이 맺나니 나를 떠나서
는 너희가 아무것도 할 수 없음이라" – 요한복음 15장 5절

"너희가 과실을 많이 맺으면 내 아버지께서 영광을 받

으실 것이요 너희가 내 제자가 되리라" – 요한복음 15장 8절

(2) 어린아이는 천진난만하다.

● 어린아이는 가식이 없다.

『다툴 줄 모르고
속일 줄 모르고
모략할 줄 모르고
해칠 줄 모르고

배고프면 울고
추우면 몸부림치고
오줌 마려우면 싸는 게 어린아이이다.』

　　이탈리아 화가 라파엘로는 천사의 모습을 갓난 아이가 날
개를 달고 있는 것으로 그렸다.

셋째, 어린아이들을 안고

"그 어린 아이들을 안고 저희 위에 안수하시고 축복하
시니라" – 마가복음 10장 16절

(1) 아이들은 귀중하다는 뜻이다.

"누구든지 네 연소함을 업신여기지 못하게 하고 오직 말과 행실과 사랑과 믿음과 정절에 대하여 믿는 자에게 본이 되어 내가 이를 때까지 읽는 것과 권하는 것과 가르치는 것에 착념하라"– 디모데전서 4장 12,13절

『어느 날 로마의 귀족 부인들이 코넬리아 부인 집에 모여 자랑을 했다. 그들은 코넬리아 부인에게 보석을 보여달라고 했으나 그녀는 없다며 거절했다. 그러나 너무 졸라대자 제일 귀중히 여기는 보석을 보여주겠다며 안방에 가서 아들 둘을 데리고 와 이 아이들이 나의 가장 귀중한 보석이라고 했다. 그 후 그 아들은 로마의 훌륭한 정치가가 되었다.』

"손자는 노인의 면류관이요 아비는 자식의 영화니라"
– 잠언 17장 6절

(2) 아이들을 보호한다는 뜻이다.

● 유혹에서 보호해야 한다.
『기울어지는 고려를 한 몸으로 붙들고 선죽교에 붉은 피를 흘리고 죽은 정몽주의 지조, 나라를 위한 충성과 높은 인격은 그의 어머니의 따뜻한 보호가 있었기 때문이다.
"까마귀 싸우는 곳에 백로야 가지 마라.

성난 까마귀 흰빛을 세우나니

청파에 고이 씻은 몸을 더럽힐까 하노라."』

● 죄악에서 보호해야 한다.

나날이 늘어나는 범죄에서 아이들을 보호하려면 성령으로, 말씀으로, 기도로 그리고 교회에 열심히 출석하고 섬김으로 그들을 죄악으로부터 보호해야 한다.

(3) 아이를 사랑한다는 뜻이다.

교육의 총 결산은 사랑이다. 교육의 총 방법도 사랑이다. 가정 교육, 태아 교육, 종교 교육, 학교 교육, 사회 교육의 방법 역시 사랑이다. 모든 교육은 사랑으로 하면 실패하는 법이 없다.

주일학교 아이를 안아 본 적이 있는가?

거지 아이를 안아 본 적이 있는가?

버림받은 아이를 안아 본 적이 있는가?

결론

어린아이는 미래의 희망이다. 그러므로 우리는 어린아이들을 주님 앞으로 인도하는 일에 힘써야 한다. 그들이 구원을 받고 장래의 축복을 누리며, 주의 교양과 훈계로 양육될 수 있도록 그들을 주님 앞으로 인도해야 한다. 또한 우리는 그들에게 하나님의 말씀과 기도를 가르쳐야 하며 그들이 겸손할 수 있도록 교육해야 한다.

주님께서는 그분에게 오는 어린아이를 안으셨다. 이는 어린아이들이 귀중하다는 뜻이며, 우리가 그들을 유혹과 죄악에서 보호해야 한다는 뜻이다. 그 뿐만 아니라 우리가 모든 어린아이들을 사랑해야 한다는 뜻이다.

3

섬김에 대한
성경공부

1. 예수께서 방문하신 가정들

우리는 사복음서를 통하여 예수께서 방문하셨던 여러 가정을 살펴볼 수 있다. 그 가정들은 대부분 어려운 문제를 안고 있었는데, 예수께서 방문하시고 간섭하심으로 그 문제들이 해결되었다. 그뿐만 아니라 예수님의 방문을 통하여 구원의 역사가 일어난 가정도 있고, 예수님을 자기 가정에 모셔서 대접하고 섬긴 가정도 있다. 그리고 자기 가정을 하나님의 사역의 장소로 내어드린 가정도 있다.

참된 신앙생활은 교회에서뿐만 아니라 가정을 통해서도 나타나야 하며, 자기 개인 생활뿐만 아니라 가족 간의 관계를 통해서도 이루어져야 한다. 개인적인 경건 생활을 잘하고 교회 생활을 아무리 훌륭하게 한다 할지라도 가정에 문제가 있고 가정에 그리스도가 살아 있지 못하다면 그 사람의 신앙생활은 갈등과 고민의 연속일 수 있다.

여기에서 예수께서 방문하셨던 가정들에 나타난 역사와 변화를 살펴보며 우리의 가정에도 그리스도를 소개하자. 그리하여 우리의 가정을 그리스도가 다스리는 평화와 사랑으로 충만케 하자.

2. 구원의 역사가 일어났던 가정

1. 삭개오의 가정(눅 19:1-10)

(1) 삭개오는 어떤 사람이었는가?

두 가지 사실을 찾아 보라(2절).

①

②

그 당시 이스라엘 백성들은 이스라엘 정부와 로마 정부에
이중으로 세금을 내야 했기 때문에 세리들을 싫어하고 죄인
처럼 취급하였다. 세리였던 마태가 자기 자신의 사회적 신분
을 간접적으로 표현한 말씀을 찾아 보자(마 5:46).

예수께서는 부자에 대하여 어떤 말씀을 하셨는가?
(눅 18:24,25)

(2) 물질적으로는 풍부했지만 사회적으로 소외를 받았던 삭개오가 예수님에 대하여 어떤 관심을 나타내었는가?(3,4절)

(3) 예수님에 대한 삭개오의 관심도 대단했지만 사실 삭
　　개오를 먼저 부르신 것은 누구였는가?(5절)

　요한복음 15장 16절을 찾아보자. 신앙의 출발점은 누구에
게 있으며 하나님께서 우리를 택하신 목적은 무엇인가?

(4) 예수께서 삭개오에게 어떤 말씀을 하셨는가?(5절)
삭개오는 예수님의 말씀에 어떻게 반응하였는가?(6절)

(5) 예수님을 자기의 가정에 영접한 결과 삭개오의 집에
　　어떤 역사가 일어났는가?(9절)
예수님을 영접하고 구원을 받은 삭개오는 어떻게 변화되
었는가?(8절)

(6) 예수께서 삭개오의 집을 방문한 일에 대하여 사람들
　　이 어떤 반응을 나타내었는가?(7절)
하지만 예수께서 그들에 대하여 어떤 말씀을 하셨는가?(10절)

적용

1. 그리스도인은 본질적으로 숨어서 살 수 없는 사람들이다. 우리는
　　가정에서 조금도 감추는 것 없는 그리스도인으로서의 삶을 살고 있

는가?

마태복음 5장 13-16절을 찾아보자.

만약 우리가 가정에서 그리스도인으로서의 삶을 살지 못한다면 그 이유는 무엇인가?

2. 삭개오가 자기 가정에 그리스도를 영접할 때 사람들은 그를 비난하며 못마땅하게 생각하였다. 그때 삭개오가 사람을 의식하여 예수님을 영접하지 않았다면 그 가정에는 구원의 역사가 일어나지 않았을 것이다.

우리 가족 중에서 아직 예수님을 영접하지 않은 사람은 누구인가?

우리는 그들에게 복음을 전한 경험이 있는가? 복음을 전하지 못했다면 그 이유는 무엇인가?

우리는 그들의 구원을 위하여 구체적으로 어떤 노력을 하고 있는가?

● 그들을 위하여 기도하는 시간은?

● 어떤 기회에 그들에게 예수님을 소개하는가?

● 얼마 만에 한 번씩 예수님을 믿도록 권면하는가?

● 예수님을 믿도록 하기 위하여 우리가 특별히 행하는 행동은 무엇인가?

3. 하나님은 모든 사람이 구원받기를 원하신다(딤전 2:4). 그뿐만 아니라 바울은 가족 중에서 한 사람이 믿을 때 그를 통하여 모든 사람이 믿을 수 있게 된다는 가능성을 언급하였다(행 16:31).

가족의 복음화를 위하여 나눌 것이 있으면 함께 나누고 서로를 위하여 기도하는 시간을 가지라. 두세 사람씩 짝을 정하여 서로의 가정 복음화를 위하여 지속적으로 기도하고 관심을 가지면 더욱 효과가 있을 것이다.

3. 어려운 문제가 해결되었던 가정

1. 가나의 혼인 잔치(요 2:1-11)

(1) 예수께서 어디에 청함을 받으셨는가?(1,2절)

인류를 구원하시기 위하여 이 땅에 오신 예수께서 한 가정의 혼인 잔치에 참석하셨다. 우리는 혹시 영적 생활만 강조하고 사회 생활이나 대인 관계를 무시하며 생활하지는 않는가?

(2) 예수님을 초청하였던 혼인 잔치에서 어떤 문제가 발생하였는가?(3절)

이제 막 결혼한 신혼 부부의 혼인 잔치에 포도주가 모자란 것은 커다란 문제였다.

우리 가정에는 어떤 문제가 있는가? 깊이 생각한 후 정직하게 기록하여 보자.

- 물질적인 문제
- 정신적인 문제(가족 간의 갈등이나 불화)
- 건강의 문제
- 기타

우리는 그와 같은 문제들을 어떻게 처리하며 생활하는가? 심지어 가정에 어떤 문제가 있는지 모르는 사람도 있다.

(3) 혼인 잔치에 있었던 문제를 누가 발견하였으며 그 사람은 그 문제를 어떻게 처리하였는가?(3절)

마태복음 7장 7−11절을 찾아보자.

(4) 마리아를 통하여그 가정의 문제를 알았던 주님께서 어떻게 반응하셨는가?(4절)

모든 기도는 하나님의 때가 되어야 응답된다.

그러므로 인내를 가지고 기도해야 한다.

누가복음 18장 1절을 찾아보자.

(5) 주님의 말씀을 듣고 마리아는 어떤 말을 하였는가?(5절)

우리가 했던 기도가 응답받기 위해서는 주님께서 우리에게 요구하는 것에 순종해야 한다.

요한복음 15장을 읽어 보자.

(6) 주님께서 그 문제를 어떤 방법으로 해결해 주셨는가?(7−9절)

만약 그때 하인들이 예수께 순종하지 않았더라면 물이 포도주로 변하는 역사는 일어나지 않았을 것이다.

(7) 주님께서 그 가정의 문제를 해결해 주심으로 말미암아 어떤 결과가 발생되었는가?

● 10절

● 11절

적용

1. 혼인 잔치에 포도주가 모자라는 커다란 문제가 발생하였는데 그 문제를 알았던 마리아는 좌절하지 않고 주님께 아뢰었다.

   즉, 기도하였다.

   우리는 가정의 문제들을 해결하기 위하여 주님께 구체적으로 기도하는가?

2. 우리의 기도는 하나님의 때에 정확하게 응답된다.

   그러므로 우리는 포기하지 말고 인내를 가지고 지속적으로 기도해야 한다.

   뿐만 아니라 우리의 기도가 응답되기 위해서는 그 문제에 대하여 우리가 해야 할 일이 있다. 즉, 그 문제에 대한 주님의 해결 방법(주님의 명령)에 순종할 때 주님의 역사는 일어난다.

   우리는 가정의 문제를 해결하기 위해 인내를 가지고 지속적으로 기도하는가?

그리고 그 문제를 해결하기 위하여 우리가 해야 할 일을 하고 있는가?

기록한 우리 가정의 문제를 살피고 그 문제를 해결하기 위하여 우리가 해야 할 일이 무엇인지 적어 보자.

3. 가나의 혼인 잔치에 포도주가 모자라는 큰 문제가 있었지만 그 문제는 그 가정의 불행으로 끝나지 않았고 오히려 그것을 통하여 더 큰 복을 받았다.
우리 가정의 문제도 그것을 주님께 맡기면 더 큰 복으로 변화될 수 있다. 그러므로 문제를 감추지 말고 서로 나누며 그 문제를 해결하기 위하여 열심히 기도하자.

4. 병 고침의 역사가 일어났던 가정

1. 베드로의 장모(마 8:14,15 / 막 1:29-31 / 눅 4:38,39)

(1) 베드로의 장모는 어떤 병에 걸렸는가?(마 8:14 / 막 1:30 / 눅 4:38)

(2) 사람들은 베드로의 장모의 열병 문제를 누구에게 의 뢰했는가?(막 1:30 / 눅 4:38)

(3) 예수께서는 베드로의 장모의 열병을 어떤 방법으로 고치셨는가?(마 8:15 / 막 1:31 / 눅 4:39)

(4) 베드로의 장모의 열병이 단순히 열만 내린 것이 아니 라 완전히 나았다는 사실은 무엇을 통하여 알 수 있는 가?(마 8:15 / 막 1:31 / 눅 4:39)

(5) 예수님의 사역 중에서 많은 부분을 차지하던 것은 무 엇인가?(마 8:16,17 / 막 1:34 / 눅 4:40,41)

2. 야이로의 딸(마 9:18-26 / 막 5:21-43 / 눅 8:40-56)

(1) 야이로의 딸은 어떤 상태에 있었는가?(마 9:18 / 막 5:21-24 / 눅 8:40-42)

(2) 야이로는 그 문제를 누구에게 의뢰하였으며 어떤 믿음을 가지고 있었는가?(마 9:18 / 막 5:22,23 / 눅 8:41)

(3) 예수께서 야이로의 집에 가시는 도중에 혈루증을 앓는 여인을 만나 시간을 지체하여 야이로의 딸이 죽었다. 그때 사람들은 어떤 반응을 나타내었으며 예수님은 어떻게 반응하셨는가?

● 사람들의 반응(막 5:35 / 눅 8:49)

● 예수님의 반응(마 9:24 / 막 5:36 / 눅 8:50)

(4) 예수께서는 그 아이를 어떤 방법으로 살리셨는가?
(마 9:25 / 막 5:39-42 / 눅 8:54,55)

(5) 이 사건을 통해 예수께서는 어떤 교훈을 강조하셨는가?(막 5:36 / 눅 8:50)

3. 죽은 나사로(요 11:1-45)

(1) 나사로는 어떤 상태에 있었는가?(1절)

(2) 나사로의 가족은 나사로의 질병 문제를 누구에게 의뢰하였는가?(3절)

(3) 예수께서 지체하심으로 말미암아 나사로는 어떻게 되었는가?(17절)

(4) 마르다는 무엇을 안타까워하였는가?(21절)

마르다는 그때까지 예수께서 죽은 사람을 다시 살리실 능력이 있다는 사실을 알지 못하였다. 예수께서 마르다에게 어떤 말씀을 하셨는가?(23절)

(5) 예수께서 나사로를 다시 살리시기 위하여 사람들에게 어떤 말씀을 하셨는가?(39절)

마르다는 예수님의 말씀에 어떻게 반응하였는가?(39절)

(6) 예수께서 어떤 방법으로 나사로를 다시 살리셨으며 (41-44절), 우리에게 무엇을 강조하셨는가?(40절)

이 사건을 통해 예수께서 우리에게 어떤 교훈을 설명하셨는가?(25,26절)

적용

1. 베드로의 장모, 야이로의 딸, 그리고 나사로가 질병에 걸려있었는데, 그때 사람들은 그들의 문제를 모두 예수께 아뢰었다. 가족 중에서 아픈 사람이 있으면 기록해 보자.

   우리는 그 문제를 해결하기 위해 예수께 기도하는가?

2. 예수께서는 그분의 전능하신 능력으로 그들의 질병을 모두 치유해 주셨다.

   가족 중에서 하나님의 능력으로 치유받은 사람이 있으면 그것을 함께 나누자.

3. 예수께서는 사람들이 이미 포기한 상태에 있는 문제도 모두 해결해 주셨다. 그러나 하나님의 능력으로 치유받기 위해서는 반드시 믿음과 순종이 필요하다.

   가족의 아픔도 포기하지 말고 믿음으로 끝까지 하나님께 기도하고 모든 가족의 건강을 위하여 기도하자.

5. 주님을 영접하고 섬겼던 가정

1. 마태(눅 5:27-39 / 마 9:9-17 / 막 2:14-17)

(1) 마태는 예수님의 부르심을 받았을 때 무엇을 하고 있었는가?(눅 5:27 / 마 9:9 / 막 2:14)

예수께서는 한가하게 놀고 있는 사람을 결코 부르지 않으신다.

베드로와 안드레, 야고보와 요한이 무엇을 하고 있을 때 예수께서 그들을 부르셨는가?(막 1:16-20)

우리는 지금 맡겨진 일에 충실하고 있는가?

(2) 마태는 예수님의 부르심에 어떻게 응답하였는가?
(눅 5:28 / 마 9:9 / 막 2:14)

현재 자기의 삶에 충실한 사람은 하나님의 부르심에 즉각적으로 응답할 수 있다. 현재의 삶에 충실하지 않는 사람은 하나님의 뜻을 분별하는데 오랜 시간이 걸린다.

(3) 모든 것을 버리고 예수님을 따르기 시작한 마태가 예수님을 위하여 무엇을 하였는가?(눅 5:29)

사람들은 예수께 헌신한 후 자기가 예수께 헌신한 이상의 축복을 하나님으로부터 받기 원한다. 하지만 마태는 자기의 삶을 예수께 드린 후에 도리어 예수님을 가정으로 모셔 식사를 대접했다.

우리는 혹시 "예수께 …한 것을 드렸으니 예수께서는 마땅히 …한 것을 주셔야 한다"라는 식의 신앙생활을 하고 있지는 않은가?

(4) 예수께서 마태의 집에서 식사하는 것에 대하여 그 당시 종교인들은 어떤 반응을 보였는가?(눅 5:30 / 마 9:10,11 / 막 2:15,16)

그들에 대한 예수님의 대답은 무엇인가?(눅 5:31,32 / 마 9:12,13 / 막 2:17)

적용

1. 예수께서는 비록 그 당시 천대받는 직업이었지만 마태가 자기의 삶에 충실할 때 그를 제자로 부르셨다.
   하나님께서 현재 우리에게 맡겨주신 삶은 무엇이며 우리는 그 삶에 충실하고 있는가?

2. 마태는 예수님의 부르심에 즉각적으로 순종하였다. 이는 그가 현재의 삶을 하나님의 사명으로 받아들이고 충성하였기에 자기에게 임한 하나님의 뜻이 변화된 것을 쉽게 깨달을 수 있었기 때문이다.
예수께서 우리를 다른 일에 부르신다면 어떻게 하겠는가?

3. 자기의 모든 것을 버리고 예수님을 따르기 시작한 마태는 예수께 헌신에 대한 대가를 요구하기 전에 도리어 예수님을 자기 가정에 모셔서 식사를 대접해 드렸다.
우리는 혹시 이제는 예수께 받을 때가 되었다고 생각하며 살지는 않는가?

이 땅에서 우리의 모든 소유는 하나님께서 맡겨주신 것에 불과하다. 우리의 진정한 소유는 하늘나라의 기업에 있다.

2. 마르다와 마리아 (눅 10:38-42)

(1) 예수께서 길 가실 때에 자원하여 예수님을 자기 집으로 영접한 사람은 누구인가? (38절)

갈라디아서 6장 6절과 데살로니가전서 5장 12, 13절을 찾아 보자. 우리의 영적 지도자를 집으로 초대하여 그들과 함께 기쁨을 나누어 보자.

(2) 예수께서 마르다의 집에 들어가셨을 때 마르다의 동생 마리아는 어떻게 반응하였는가?(39절)

느헤미야 당시 에스라가 하나님의 율법을 낭독하자 이스라엘 백성들은 어떤 자세로 그 말씀을 경청하였는가?(느 8:5-12)

엠마오 도상을 걷던 두 제자가 예수 그리스도의 말씀을 듣고 어떤 힘을 얻었는가?(눅 24:32)

(3) 마리아가 예수님의 말씀을 듣고 있을 때 마르다는 무엇을 하였으며 그때의 마음 상태는 어떠했는가?(40절)

우리는 여호와의 말씀을 듣는 것보다 봉사하는 일이 더 많아 지나치게 분주해 하지는 않는가?

(4) 마르다의 상태를 예수께서는 어떻게 평가하셨는가?(41절)

(5) 일에 쫓긴 마르다는 예수께 무엇을 요구하였는가?(40절)

우리는 그 상황에서 마리아와 마르다 중 누가 옳다고 생각하는가?

(6) 예수께서는 그 일에 대하여 어떤 결론을 내리셨는가?(42절)

42절에 기록된 예수님의 교훈을 생각하고 우리의 봉사 생활을 돌아보며 반성할 점을 기록하자.

적용

1. 마르다는 예수님에 대한 사랑 때문에 자원하여 예수님을 자기 집으로 영접하였다. 그런데 마르다는 예수님을 지나치게 잘 대접하기 위하여 분주한 나머지 결국 자기 동생 마리아에게 불평하고 예수님께는 칭찬을 듣지 못하였다.
   혹시 우리의 삶이나 가정에서 예수님 때문에 무리가 발생한 경우는 없는가?

   예수님께서는 즐겨 내는 것을 항상 사랑하신다(고후 9:7).

2. 마리아는 예수님의 말씀을 뜨겁게 사모하였기 때문에 예수께 칭찬을 받았으며 그 축복을 잃지 않았다. 예수께서 가장 원하시는 것은 예수님을 향한 지나친 봉사보다 예수님의 말씀을 더 사랑하고 지키는 것이다.
   우리의 가정에서는 예수님의 말씀이 읽히며 가르쳐지고 있는가?

4

예화

보수적인 영국 사회에서 최초의 여자 수상이 된 마거릿 대처는 쌍둥이 자녀를 기르는 어머니요, 충실한 가정주부였다. 마거릿이 평범한 서민 출신의 여자로서 수상이 된 것은 정말 대단한 일이다. 그녀는 역사학을 공부했기 때문에 역사적인 변증을 통한 다른 정치인들과의 대결에서는 결코 지는 일이 없었다. 그녀의 아버지는 독실한 감리교 신자로 그녀는 철저한 신앙의 가정에서 교육을 받았다고 알려져 있다.

어느 고등학교 교장 선생님이 한 이야기다.
그 학교에 동성연애를 하는 3학년 학생이 있어서 그의 가정을 조사해 보았더니 동성연애의 원인이 가정에 있음을 알게 되었다는 것이다. 그의 부모는 서울의 유명한 내과 의사인데 그들은 지난 2년 동안이나 별거 생활을 하고 있었다. 결국 그 학생은 자기 부모의 결혼 생활에서 건전한 이성관계를 배우지 못해 동성연애로 전락해 버린 것이다.
　건전한 가정생활은 자녀들에게 건전한 인격을 자연스럽게 형성시키지만, 건실하지 못한 가정은 그들에게 불건전한 인격을 유산으로 남겨주게 된다.

윌버 채프맨이 친구와 함께 국회 의사당에 들어갔을 때의 일이다.
친구가 의사당의 번쩍이는 천정을 가리키면서 "우리나라의 심장이 바로 여기에 있네"라고 말했다. 그러자 윌버 채프맨은 "자네는 잘못 생각했네. 우리나라의 심장은 이 나라 안에 있는 가정들이야"라고 말했다고 한다.

에이브러햄 링컨의 아내는 잔소리쟁이로 유명했다.

에이브러햄 링컨이 변호사로 있을 때, 다른 지방으로 변호하러 가면 쉬는 날이 몇 주간 되어도 집으로 돌아오지 않았다고 한다. 이유는 아내의 잔소리를 듣기보다는 호텔에서 혼자 있는 게 훨씬 평안했기 때문이다.

남북 전쟁이 끝나고 바쁜 업무에서 벗어나 좀 쉬려고 하자 그의 아내는 잔소리를 해서 그를 억지로 극장에 끌어다 놓고는 총에 맞아 죽게 한 것이다. 부인의 잔소리가 위대한 링컨을 죽게 했다.

경찰관으로 근무하던 어느 그리스도인이 청소년들의 교육과 선도 문제의 심각성에 대하여 들려준 이야기이다.

하루는 동료 경찰관이 15세쯤 된 소녀 한 명과 남자 세 명을 잡아왔다. 이유를 물었더니 그 소녀와 남학생 세 명이 혼숙하는 것을 보고 끌고 왔다는 것이었다. 그 학생들을 보니 얼굴도 곱고 옷차림도 단정해 부잣집 아들, 딸인 것 같았다. 그들을 잘 선도해서 돌려보내려고 주소와 이름 그리고 가족 사항을 물었더니, 시치미를 떼면서 자기들은 서울에 거주하지 않고 시골에 있는데 지금은 농번기라 부모님께 올라오시라고 전화해도 올라올 수 없을 것이라고 거절을 했다.

그래서 솔직히 말하지 않으면 풀어주지 않겠다며 바른대로 대답하라고 했더니, 소녀가 고백하기를 자기는 서울 출신이며 아버지는 경찰서장인데 엄마와 이혼했고, 새엄마를 얻었지만 가정불화가 잦다고 하면서 부모님의 불륜과 가정생활의 열등감 때문에 자기도 모르게 이런

길로 빠지게 되었다고 말했다. 남학생 세 명도 역시 서울의 부잣집 아들들로서 경제적으로는 풍족하지만 가정의 불화, 아버지의 여자관계로 인한 싸움, 이런저런 문제들로 사회에 대한 반항심이 생겼다고 말했다. 이들의 고백을 전적으로 믿을 수는 없으나 오늘날 가정 문제의 심각성이 얼마나 큰 지 생각하게 하는 이야기다.

러시아의 문호 톨스토이는 어느 추운 겨울날 80세의 나이로 이름 없는 시골 역에서 객사하고 말았다. 그 이유는 무엇일까?

그는 죽을 때 절대로 자기 아내가 자기 시신에 손을 대지 못하도록 하라는 유언을 남겼다. 그는 아내 때문에 객사한 것이다. 그의 자식들도 아버지는 어머니의 잔소리 때문에 객사했다고 불평했다고 한다.

이상적인 가정이란 복잡한 세상에서 긴장 속에 살던 가족들이 돌아와 아무런 부담 없이 마음 편하게 쉴 수 있는 공간이며, 밖에서 실패하거나 잘못을 범하고 들어왔을 때 용서가 통하고 서로 싸매주며 조용히 반성할 기회를 주는 공간이며, 온 가족이 따뜻한 사랑과 미소 짓는 얼굴로 생활하는 공간이다.

또한 온 가족이 하루에 한 번씩 모여 앉아 하나님 앞에 경건하게 예배드리며, 주일엔 모두 교회에 나가 예배드리는 가정이 작은 천국이요 이상적인 가정이다.

네팔의 어느 여인이 긴 봄이 지나도록 강을 떠나지 않고 지키고 있었다. 그 이유는 그녀의 남편이 지난겨울에 등산을 하다 눈 속에서 길을 잃고 헤매다가 죽었는데 그의 시체를 찾지 못하였기 때문이다. 봄이 되어 눈이 녹으면 반드시 사랑하는 남편의 시체를 찾을 수 있으리라는 소망을 갖고 기다리고 있는 것이다.

예로부터 아내는 다음 일곱 종류로 나뉜다고 한다.
① 사람을 죽일 것 같은 살기찬 아내, ② 남의 것을 훔친 것 같은 음침한 아내, ③ 제 먹을 것만 차리고 말소리만 높이는 주인 같은 아내, ④ 집안일을 잘 돌보는 어머니 같은 아내, ⑤ 남편에게 정성을 다하여 골육의 정이 나는 누이동생 같은 아내, ⑥ 남편을 보고 마치 오랫동안 만나지 못한 친구를 만난 것같이 반가워하는 벗과 같은 아내, ⑦ 남편이 때리든 욕을 하든 그저 참고 복종하는 아내 등이다.
　가정 파탄, 자녀의 탈선은 어디서 오는가?
　많은 경우 아내로부터 온다고 한다.

예로부터 여성에게는 4덕이 있다고 한다. 부덕, 부용, 부언, 부공이다. 이것은 정조를 지키고 분수를 지키는 것, 자신의 몸과 집안을 깨끗이 하는 것, 마땅히 할 말을 하는 것, 옷감을 부지런히 짜며 음식을 갖추어 손님을 잘 대접하는 것을 말한다.

아내는 남편에게 순종하며 그를 존경하고, 지혜롭게 권고하며, 인내의 미덕을 나타내고, 경제적으로 넉넉하지 못하다고 불평하지 않고 근검절약하여 남편의 생활에 협력해야 한다. 또한 남편에게 항상 웃는 얼굴과 깨끗하고 단정한 모습을 보이며 부드럽고 상냥한 행동으로 남편의 모든 일에 대하여 세심한 관심과 주의를 기울여 신경을 써 주어야 한다.

또한, 예수께서 교회를 사랑하며 자기 몸을 십자가에 희생하셨듯이 남편은 아내를 자기 몸의 한 부분인 줄 알고 아끼고 사랑해야 한다. 아내가 약할 때 도와주고, 바쁠 때 협력하며, 잘못했을 때 책망보다는 진정한 이해와 사랑으로 격려하고, 실수했을 때는 유머로 여유 있게 넘기는 것이 좋다. 아내의 훌륭한 점을 자주 칭찬해 주며, 같이 외출하여 즐거운 시간을 갖도록 해야 한다.

며느리를 못살게 하는 시어머니가 있다고 하는데 예수 믿는 사람은 사랑으로 교훈하고 훈련해야 한다. 며느리가 주체적으로 일하게 하되, 몰라서 물어올 때는 부드럽게 교훈하며, 격려로서 지도해야 한다. 며느리가 좀 서툴더라도 사랑스럽게 봐 주고 으례히 서툴 것이라고 이해해야 한다. 부모가 자식을 가르치듯 시어머니는 며느리를 딸같이 사랑하여 가르치면 된다.

가정은 그저 살고, 자고, 먹고, 아이를 기르기만 하는 장소가 아닌 그 이상의 것이다. 그리고 그 이상의 무엇이야말로, 가정을 의미 있고, 가치 있는 것으로 만든다. 그 무엇은 '가족이 서로 나누는 애정, 웃음, 눈물, 기쁨과 슬픔 등의 따뜻한 인간적 요소'로부터 성립된다. 그것들 전부를 아내만이 보급할 수는 없다. 그것들은 아내와 남편, 사람의 협력에 의하여 생산되지 않으면 안 된다.

모니카라 하면 어거스틴의 어머니요 파트리시우스의 아내임을 누구나 잘 알고 있다. 그런데 어거스틴은 아버지 파트리시우스보다 어머니 모니카를 생각하면서 존경의 말을 아끼지 않았다. 왜냐면 어거스틴이 성자가 된 것은 모니카의 덕분이며, 파트리시우스가 유명한 것도 역시 아내 모니카의 내조 덕분이기 때문이다.

파트리시우스는 예수를 믿지 않았지만, 아내 모니카는 철저한 크리스천이었다. 남편이 성급하고 난폭했음에도 불구하고, 모니카는 온순하여 남편에게 순종하고 내조를 잘 했다고 한다.

모니카의 남편이 화를 내고 폭언을 하면 같이 대항하거나 변론하지 않고, 남편의 곁을 떠나 있다가 남편의 화가 가라앉고 정신이 들면 돌아와 온순한 말로써 문제의 일에 대한 경과를 말하고 무엇이 어떻게 잘못되었는지 천천히 그리고 낮은 목소리로 설득하여 화를 풀어주었다는 것이다.

헨리 포드가 사업에 성공한 것은 아내의 내조 때문이었다고 한다. 포드가 시계를 만든다고 많은 시간과 돈을 낭비한 때도 있었고, 자동차를 연구한다고 지프차를 부셔서 한바탕 늘어놓고 번번이 부인을 귀찮게 했으나, 부인은 한 번도 남편에게 시간을 낭비한다고 핀잔을 주거나 남편을 잘못 만나서 고생한다는 팔자타령을 한 적이 없었다고 한다.

한 번은 가솔린 엔진을 만들기 위해서 농장과 살림살이를 모두 팔고 디트로이트로 이사를 가자고 했는데, 불평 한 마디 없이 "어디든지 따라가겠다"라고 하면서 용기를 북돋아 주었다고 한다. 그러므로 포드는 마침내 크게 성공했고 미국에서 가장 부유한 사람 중 한 명이 된 것이다.

그리스의 철학자 소크라테스의 아내는 지독한 악처로 알려져 있다. 한 번은 아내가 성을 내며 남편 소크라테스의 머리 위에 물을 한 바가지 퍼부었다. 그러나 그는 미소를 지으면서 아내를 나무라지 않았다. 이웃 사람들이 이를 보고 "당신은 왜 그런 불손한 아내를 가만히 두십니까?"라고 묻자 그는 "뇌성벽력이 지난 후에는 청명한 날씨가 되지 않소"라고 말했다.

링컨은 1800년, 켄터키 주에서 미천한 농부의 아들로 태어나 변변히 공부도 못하고 자랐다. 그는 중노동을 하면서 독학으로 변호사가 되었고 1846년 하원 의원에 당선되어 연방주의를 주장했다. 1860년 공화당 공천으로 미국 대통령으로 당선되자 취임과 더불어 노예 폐지령을 선언하여 1863년 1월 1일부터 실시하도록 명령했다.

링컨이 대통령이라는 영광스러운 자리에 오르기까지의 길은 칠전팔기의 생활이요, 악전고투의 기록이요, 백절불굴의 투쟁이었다. 그는 민주주의의 위인이요, 정의와 인도의 용사요, 노예 해방의 순교자요, 평민적 대통령이었지만 58세의 일기로 남부 출신의 배우 부드의 흉탄을 맞고 생을 마감했다.

그는 미국 국민의 위인의 자리를 넘어서 인류의 양심이 되었다.

그의 빛나는 인격과 생애가 우연히 이루어진 것은 아니다. 그의 배후에는 낸시라는 신앙이 돈독하고 경건한 어머니가 계셨다. 링컨의 아버지는 자기 이름도 못 쓰는 무식한 분이었으나 그의 어머니 낸시는 교회에서 글을 배워 늘 성경 읽기를 좋아했다. 낸시는 어린 링컨을 데리고 앉아 틈나는 대로 성경을 읽어 주었고 링컨과 같이 기도를 드렸다.

감수성이 예민한 어린 시절의 링컨의 마음 밭에 낸시가 뿌린 신앙의 씨는 링컨의 성격과 사상의 근본 바탕을 이루게 했다. 링컨이 열세 살 되었을 때 어진 어머니 낸시는 그만 전염병에 걸려 세상을 떠났다. 운명하기 전에 낸시는 아들 링컨에게 책 한 권을 유산으로 주면서 "아들아, 이 책은 나의 부모로부터 받은 성경이다. 내가 여러 번 읽어 낡았지만 우리 집의 큰 가보란다. 내가 백 에이커의 땅을 너에게 물려주는 것보다 이 한 권의 성경을 물려주게 된 것을 진심으로 기쁘게 생각한다. 네가 이 진리의 말씀을 읽고 이 책대로만 살면 나는 네가 백만 에이커의 대지주가 되는 것보다 더 기쁘겠다"라고 말했다.

그 후 링컨이 대통령이 됐을 때 누가 그의 훌륭한 공적을 찬양하면 그는 이렇게 말했다.
"내가 잘한 것이 있다면 그것은 우리 어머니의 덕이다. 어머니는 가장 귀한 유산을 주었고, 어머니의 기도와 가르침이 나를 나 되게 하였다. 우리 어머니야말로 참 훌륭하셨다."
어린 시절 어머니에게 성경을 읽고 기도하는 것을 배운 영향이 링컨을 일생 동안 지배했다. 그는 대통령이 되어 국가 중책을 수행하면서도 늘 기도하는 마음을 잃지 않았다.

그의 위대한 기도는 남북 전쟁 전사자 기념 묘의 봉헌식 연설에서도 볼 수 있다. 당시 그의 연설은 연설이 아니라 기도였다.

"하나님! 이 나라를 하나님이 지배하셔서 참된 자유와 진실한 이웃 사랑을 탄생하게 하시고, 당신의 종이 섬기는 이 나라가 국민을 위한 국민의 정부가 되어 이 땅 위에 꺼지지 않는 등불이 되게 하소서."

독실한 신앙의 어머니 낸시가 어린 링컨의 가슴속에 뿌린 사랑의 씨는 후일 노예 해방으로 결실을 맺게 되었다.

미국과 스페인 전쟁 때 미 군함 한 척이 마닐라를 공략하려고 막 출항하려는 순간 물속에 웃옷을 떨어뜨린 수병이 있었다. 그 수병은 파도에 밀려가는 옷을 보고 지휘관에게 옷을 건지게 해달라고 간청하였으나 거절당했다. 순간 수병은 동료들이 붙들 사이도 없이 파도 속으로 뛰어들었다. 동료들은 "그까짓 옷 하나가 뭐 그리 중하냐? 전쟁에 나가기 무서워 비겁하게 도망가는 것이 아닌가"라며 비웃었다. 잠시 후에 그 수병은 웃옷을 움켜쥐고 갑판 위로 올라왔다. 그러나 그는 군기를 어긴 죄로 군법 회의에 회부되었다.

드웨이 제독이 "하찮은 옷 하나 때문에 그 같은 경솔한 태도를 취하는 이유가 뭐냐?"라고 엄중히 묻자 그는 웃옷 주머니에서 낡은 사진 한 장을 꺼내어 제독에게 보이면서 "사실은 제 어머니 사진이…"라고 말하며 고개를 숙인 채 말을 잇지 못했다. 이 말을 들은 드웨이 제독은 그 수병의 두 손을 힘 있게 쥐고서 여러 수병들에게 "어머니의 사진을 위하여 생명의 위험도 불사하는 수병이야말로 자신의 위대한 어머니인 조국을 위하여 생명을 아끼지 않을 군인이다"라며 칭찬을 해주었다.

이용도 목사의 간증 가운데 한 부분이다.

"내가 이렇게 주의 일을 위해 서게 된 것은 오직 내 어머니의 신앙과 기도의 힘입니다. 어머니는 여러 차례 목숨을 끊으려 하셨으나 그때마다 주께서 나타나시어 "내가 있는데 너는 왜 비관하고 죽으려고 하느냐?"라고 하셔서 다시 믿음을 돌이켜 용기를 얻곤 하셨다고 합니다.

나의 어머니는 자신의 신앙과 자녀와 친척들의 신앙을 위해 많은 애를 쓰셨고 기도도 많이 하셨습니다.

제게 만일 적은 능력이 나타났다면 이는 오직 내 어머니의 기도의 힘이요, 이적이나 기사가 보였다면 이것 역시 오직 어머니의 믿음의 힘으로 된 것입니다."

한 통계의 내용 중에 입맞춤은 모든 환란을 벗겨 준다는 내용이 있다. 아침 출근 때에 아내와 포옹하고 입맞춤을 잊지 않는 부부는 그의 일생에 큰 변화가 나타난다. 통계 보고에 의하면 집을 나설 때 아내에게 키스하는 사람은 그렇게 하지 않는 사람보다 평균수명이 5년이나 길며, 자동차 사고가 극히 적고, 결근율이 50% 감해지며 수입이 25%가 많다고 한다.

스펄전은 자신의 어머니에 대하여 이렇게 말했다.

"언젠가 어머니가 드렸던 몇 마디의 기도를 나는 결코 잊지 못할 것이다. 나는 어머니께서 "오 주님, 만약 저의 자녀들이 죄 중에 산다면 그것은 그들이 무식해서 그런 것이 아닐 것입니다. 그들이 그리스도를 붙잡지 않는다면 저의 영혼은 심판 날에 그들에 대하여 바른 증거를 해야 합니다"라고 기도하신 것을 기억하고 있다. 어머니께서 나를 대신해서 바른 증거를 하신다는 말씀이 나의 양심을 찔렀고 내 마음은 고요했다.

아버지와 어머니는 하나님께서 그들의 자녀들을 구원하기 위해 쓰시는 가장 자연적인 동인이다. 청년 초기에 어머니의 가르침처럼 나의 마음에 깊은 인상을 준 것은 없다. 또한 부드럽게 자녀를 돌본 어머니처럼 어린아이의 마음에 큰 감화를 줄 수 있는 사람은 없다고 확신한다.

내가 어렸을 때 어머니께서 무릎을 꿇고 나의 목을 안으며 "오 하나님, 나의 아들이 당신 앞에 살게 하소서"라고 기도하신 모습은 결코 잊을 수가 없다."

가정은 마음과 마음이 가장 가깝게 접촉하며 사는 곳이기에 식구가 서로 화목하면 꽃동산과 같이 아름다운 곳이다. 그러나 마음과 마음의 조화를 잃으면 사납고 무서운 풍파가 일어나서 파멸을 가져오는 지옥과 같은 곳이다. 이런 경우에는 각자가 다른 사람의 일은 말하지 말고, 먼저 자신의 마음을 살피고 잘못된 점을 고쳐야 한다.

무디 선생의 전기에 이런 기록이 있다.
모두가 잠이 든 한밤중의 집안은 매우 조용하였다. 무디가 조용히 아래층으로 내려가서 어머니의 침실을 문 사이로 들여다보았더니 어머니는 울고 있었다. 다음날 아침 어머니는 아침식사를 준비하셨고 식구들은 행복한 얼굴로 식탁에 둘러앉았다. 그러나 어머니가 자리에 없는 것을 안 무디는 어머니의 침실 문 앞에 서서 열쇠 구멍에 귀를 대고 방에서 흘러나오는 소리에 귀를 기울였다. 그러자 어머니의 말소리가 들렸다. 어머니는 눈물을 흘리면서 침대 옆에 무릎을 꿇고 있었다.

무디는 바쁜 집회 중에도 거의 매일 문안 편지를 드렸고 큰 집회나 사업을 위해 늘 어머니께 기도를 요청하였다.

1895년 어머니의 장례식에서는 가정 예배 때마다 어머니가 쓰시던 신구약 성경을 들고 나와 다음과 같이 말했다.

"나의 누이동생에게 들은 이야기인데 어머니는 어린 우리 형제들이 잠든 한밤중에 홀로 일어나셔서 기도하시며 흐느껴 우셨다고 합니다. 제가 어려서 집에 있을 때에는 그와 같은 어머니의 모습을 보았습니다. 제가 외출했다가 밤늦게 돌아오면 어머니의 창에는 항상 불이 켜져 있었습니다."

가정에 대한 이야기를 할 때 우리는 가슴 속의 가장 유연한 거문고의 줄을 건드리게 된다. 감방에 갇혀 있는 죄수 또는 길가에서 서성대는 거지들에게 가정에 대한 이야기를 한다면 많은 사람들이 부모가 보살피던 자신의 어릴 때 일들, 정들은 보금자리에서 지내던 즐거운 날들을 생각하면서 이야기하기를 즐겨할 것이다.

한 나라 5대 왕 무제는 사방에서 인재를 등용하였는데 그중에 주매진이라는 사람이 있었다. 그는 집이 가난하여 나무를 팔아 살았다. 그러나 글 읽기를 좋아하여 나무를 지고 길을 다니면서도 글을 읽었다.

함께 나무를 지고 가던 아내는 나무를 지고 가면서 길에서 글을 읽고 다니면 남들이 미친 사람이라고 비웃으니 제발 그만두라고 남편을 책망했다. 그럼에도 그는 들은 척도 안 하고 더 큰소리로 책을 읽자 아내는 부끄러워하며 그를 떠나려 했다. 하지만 남편은 웃으면서 50세가 되면 크게 부귀하여 그대가 오랫동안 고생한 공을 갚을 터인데 지금 40세가 지났으니 몇 해만 고생하면 될 것이라고 하였다. 그러나 아내는 그 말을 비웃으며 "그런 얼빠진 소리 말아요. 당신 같은 사람은 마지막에 길에서 굶어 죽을 것이오"라고 욕하면서 집을 나가 버렸다.

주매진은 여전히 나무를 팔면서 살다가 그해 인부에 뽑혀서 도성으로 가게 되었다. 큰 꿈을 품었던 그는 평생소원을 이루어 볼 때가 왔다고 결심하고 임금님께 글을 지어 바쳤다. 왕은 글을 보고 크게 감탄하여 주매진을 불러 다시 역사와 논문을 시험하여 그 학식이 깊음을 알고는 고향의 군수로 임명하였다.

그가 부임하는 날 백성들이 다 나와 길을 닦고 어떤 귀공자가 벼슬을 받고 오는지를 보려고 긴장하며 태수의 행차를 기다리고 있었다. 말 탄 경호 무사의 선발 행렬이 앞에 서고 다음 사두마차가 오고 그 뒤에 백여 대의 수행 마차의 위세 당당한 행렬이 줄 지었다. 모든 사람의 시선은 태수가 탄 사두마차에 집중되었다. 높은 관모를 쓰고 비단 관복을 입은 태수의 위엄은 당당하였다.

그런데 그 사람은 얼마 전까지 나뭇짐을 지고 다니던 주매진이 아닌 가? 동네 사람들은 모두 깜짝 놀랐다. 주매진을 버린 여인은 새 남편과 같이 길을 닦으러 나왔다가 그 광경을 보고 부끄러워 도망치고 말았다. 이것을 안 주매진은 그 부부를 데려다 태수 관사의 정원 끝에 살게 하였다. 한 달이 지난 어느 날 그 아내는 부끄러움을 이기지 못하여 목을 매어 죽었다. 평소 남편의 의사를 존중하고 그 뜻을 따라 조금만 참았더라면 함께 영광을 받았을 것이다.

어느 곳에 이웃해서 사는 두 집이 있었다.
한 집에는 아이가 없는 중년 부부가 살고 있었는데 어찌 된 일인지, 그 부부 사이에는 싸움이 그치는 일이 없었다. 사소한 일이 원인이 되어서 서로가 마구 욕지거리를 퍼부으면서 유쾌하지 못한 날들을 보내고 있었다. 그 옆집에는 대가족이 살고 있었다. 젊은 부부에게는 두 아이가 있었으며, 거기에 시부모까지 함께 사는 많은 식구였지만, 이상한 일은 이 집에서 이제까지 싸우는 소리 같은 것을 들은 사람이 없었다는 것이다. 언제 가보아도 아주 행복한 모습이었다.

부부 싸움을 일과처럼 하고 있는 이웃집 부부에게는 정말로 이해하기 곤란한 수수께끼였다. 그래서 어느 날, 옆집을 찾아가 "대체 어떻게 해서 그 많은 가족들이 매일매일 싸움 한 번 하지 않고 살아갑니까? 그 비결을 가르쳐주십시오"라고 청했다. 옆집의 젊은 주인은 웃음을 띠면서 "그것 말입니까? 그것은 뭐 조금도 이상한 게 없습니다. 당신네 집에서 부부 싸움이 그치지 않는 것은 두 분께서 다 착한 사람이기 때문입니다. 우리 집에 싸움이 없는 것은 우리는 모두가 악한 사람만 모여 있기 때문입니다"라고 대답했다.

옆집 주인은 깜짝 놀라 반문했다.

"착한 사람만 사는 집에 싸움이 있고, 악한 사람만 모인 집에 싸움이 없다니 대체 무슨 뜻입니까?"

그러자 젊은 주인이 대답했다.

"그것은 다름이 아닙니다. 가령 내가 방 한가운데 놓여 있던 물그릇을 모르고 발길로 둘러엎었다고 합시다. 나는 "아, 이것은 내가 부주의해서 그랬으니 내가 잘못했다"라고 말합니다. 그러면 아내는 "아녜요. 당신이 나쁜 게 아녜요. 빨리 치우지 않은 내가 잘못이에요"라고 말합니다. 그러면 어머니께선 옆에서 "아니다. 얘들아! 나잇살이나 먹은 내가 잘못했다"라고 말씀하십니다. 모두가 자진해서 나쁜 사람임을 실토하는 것입니다. 그렇게 되니 싸움을 하고 싶어도 싸움을 할 수가 없지 않습니까? 그런데 댁에서는 두 분이 그러한 경우에 어떻게들 말씀하십니까?"

이 말을 들은 옆집 주인은 "음, 과연 그렇겠군요"라고 말하며 그제서야 알았다는 듯이 고개를 끄덕였다고 한다. 어쩌면 대단히 진부한 이야기 같지만 오히려 여기에 간과하기 쉬운 커다란 진리가 숨어 있는 것은 아닐까.

가정이란 무엇인가?

건물이 크고 작은 것이나 가구가 많고 적은 것이나 자동차와 직원의 수가 많고 적은 것이나 사용하는 생활비의 액수가 많고 적은 것이 가정의 행복을 좌우하는 것이 아니다. 아무리 초라할지라도 세상에서 제일 좋은 곳은 가정이다.

가정을 행복하게 만드는 요소는 마음이요, 정신이다. 가정이야말로 고달픈 인생의 안식처요, 모든 싸움이 자취를 감추고 사랑이 싹트는 곳이요, 큰 자가 적어지고 작은 자가 커지는 곳이다. 가정은 안심하고 모든 것을 맡길 수 있으며, 서로 의지하고 사랑하며 사랑을 받는 곳이다.

옛 소련의 『국민 생활』이라는 책 속에 이런 이야기가 있다.
『갓난아이는 28일 이상이 되면 탁아소에 맡길 수 있고, 네 살이 되면 유치원에 보낼 수 있다. 아침이면 남편도 아내도 갓난아이까지 집을 나간다. 어머니는 직장에 가는 도중에 가장 편리한 탁아소에 아이를 맡기거나 유치원으로 데리고 간다. 탁아소나 유치원에 맡긴 아이는 부모가 모든 책임을 진다. 어머니가 젖을 먹이러 갈 수도 있다. 일이 끝난 후에 어머니는 탁아소나 유치원에 들러서 아이를 데리고 집으로 돌아간다. 매일 이렇게 하지 않고 일주일 동안 계속 아이를 탁아소나 유치원에 맡겨 두어도 무방하다.』

소련은 이런 제도를 자랑하며 선전했으나 하나님을 떠난 민족의 가정은 가정이랄 것 없이 불행했을 것이다. 태어난 지 28일이 지난 후부터 탁아소에 맡겨져 성장한 아이는 어떻게 될 것이며, 부모가 아이를 기르지 못하고 탁아소에 맡긴 채 일해야 하는 가정의 정신 상태가 어떠했을지를 짐작할 수 있다.

애정이란 부모와 자식이 날마다 만나며 그 성장하는 것을 보며 병이 나면 다 같이 걱정하며 병상 옆에서 밤을 새워가며 간호하는 데서 생기고 두터워지는 것이다. 가정 구성원의 깊은 인상과 정은 그렇게 생기는 것인데 그것 없는 소련의 가정은 참으로 불행하다고 아니 할 수 없다. 하나님을 떠날 때 가정도 사회도 즐거움과 사랑을 잃게 되는 것이다(사 1:4-7, 계 3:17, 습 1:6).

어느 잡지사에서 "가정은 무엇인가?"라는 제목으로 상금을 걸었는데 800여 개의 답안이 도착했다.

그중에 일곱 가지를 소개하면 다음과 같다.

가정은 투쟁이 없는 세계요, 큰 자가 작은 자가 되는 곳이다.

가정은 작은 자가 크고 큰 자가 작은 자가 되는 곳이다.

가정은 아버지의 왕국이요, 어머니의 세계요, 자식들의 낙원이다.

가정은 불행이 많은 곳이요, 거기 따르는 대우를 잘하는 곳이다.

가정은 우리 애정의 중심인데, 거기는 우리의 마음이 있는 곳이요, 최선의 소원이 있는 곳이다.

가정은 하루에 세 번 물리적으로 밥을 먹는 곳일 뿐 아니라 하루에 천 번 마음의 밥을 먹는 곳이다.

가정은 땅 위에 있는 인간의 허물과 실패를 달콤한 사랑 속에 숨겨주는 곳이다.

트루에트 박사는 열여섯 살 된 소녀의 장례식을 주관하게 되었다. 상가에 이르렀을 때 그 어머니의 슬픔이 이만저만이 아니라는 것을 느낄 수 있었다. 트루에트 박사를 만나자 소녀의 어머니는 흐느껴 울기만 했다.

박사는 위로하며 "섭섭하겠지만 우리는 주를 믿는 자들이니 위로를 받으십시오"라고 말했다. 이때 그 어머니는 울음 섞인 어조로 "물론 그렇게 말씀하심이 옳습니다. 그러나 그 애는 제 외동딸이온데 죽어버렸으니 이제 저는 삶에 대한 소망이 없습니다"라고 말하며 더욱 흐느꼈다.

몇 분 동안이나 흐느끼던 소녀의 어머니는 다시 말을 계속하였다. "제 딸은 믿지를 않았습니다. 물론 아버지와 어머니 된 저희는 둘 다 침례(세례)교인입니다. 그 아이가 태어나기 전부터 신자였습니다. 그렇지만 사랑하는 딸에게 신앙을 위해 한 일이란 없습니다. 침례(세례)를 받게한 일도 없고 성경을 가르친 일도 없습니다. 예수께서 구주 되심을 알게 한 일도 없습니다. 그리고 그 어린아이를 위해 기도한 일조차 없습니다. 부모랄 게 있겠습니까?"라고 하며 소망 없는 얼굴로 눈물을 흘리는 것이었다.

기도 없는 가정에 닥쳐오는 것은 설움과 낙망뿐이다(잠 22:6, 엡 6:4).

뉴욕 법원의 한 판사가 뉴욕 타임지에 이러한 글을 보낸 일이 있다. 17년간의 법관 생활을 하는 동안에 중국인 2세 소년이 소년 범죄 혐의로 법관 앞에 불려 나온 일은 한 번도 없었다. 동료들에게 물어보아도 이구동성으로 뉴욕에 사는 것으로 추정되는 1만 명의 중국인 2세 중에서 강도, 마약 상습 복용, 속도위반, 폭행, 파괴, 소매치기, 음주 등의 죄로 법정에 소환되어 온 것을 본 일이 없다고 했다.

어떻게 중국인 2세 중에는 그렇듯 범죄 하는 이들이 없는 것일까?

이 질문에 뉴욕 주재 중국 총영사는 다음과 같이 말했다.

"나는 법관들에게서 그런 이야기를 여러 번 들었는데 그 원인을 말하자면 우리 중국인들이 한때 자유의 나라였던 중국에서 건너올 때 가지고 온 것 중에 '효'라는 덕목이 있습니다. 어디서 살든지, 중국의 아이들은 자기 부모에게 욕되는 일을 해서는 안 된다는 것을 교육받으며 자랐습니다. 때문에 중국 아이들은 무슨 일을 하기 전에 부모가 어떻게 생각할까?를 생각합니다. 자랑스럽게 생각할까? 혹은 창피스러워할까? 그러다 보니 중국 아이들은 부모가 좋아하는 일을 하려고 애쓰게 됩니다."

빈부를 막론하고 대개의 중국인 2세들은 엄격한 가족 제도적인 가정을 유지하고 산다. 식사 시간이라는 것은 가족 중 한 사람도 빠져서는 안 되는 의식적인 행사이며, 종교와 예절과 연장자에 대한 공경을 가르치는 것이 어린이들을 잘 길러내는 원동력인 것으로 되어 있다.

중국인 2세 소년에 대한 놀라운 기록을 통해 소년 범죄의 방지, 교정 등은 오직 가정에서만 찾을 수 있다는 것을 알 수 있다.

어떤 고등학교의 여학생이 행복한 가정에 대하여 다음과 같이 말했다.

"우리 가정은 사면에 둘러싸인 담과 푸른 지붕 그리고 시멘트를 깐 토대만이 아니라, 사랑과 애정과 위안과 모든 행복의 보금자리이다. 우리 가정은 사나운 파도가 이는 바다의 아늑한 포구요, 소란하고 분주한 길에서 떨어진 조용하고 깨끗한 길이며, 캄캄한 밤하늘에 깜박

이는 별이다. 우리 집은 다른 집보다 넉넉하지 못하다. 수도는 고장이 나고 지붕은 상해서 비가 새며 페인트는 다 벗겨지고 뜰안 길은 우툴두툴하고 부엌에서는 연기가 난다.

분명히 우리 집은 한국에 사는 어느 누구의 집보다 나은 것이 없다. 그러나 그곳이야말로 내가 가장 사랑하는 곳이다. 왜냐면 그 안에 내가 가장 사랑하는 사람들이 살고 있기 때문이다. 집은 풀과 나무와 벽돌과 회로 지은 것이나, 가정은 인간의 인정과 눈물과 웃음과 서로 깊이 이해하는 것으로 성립되기 때문이다. 우리 가정은 가져야 할 모든 요소를 구비한 가정이기 때문에 하나님께 감사한다."(잠 15:16,17 참조)

세상에서 제일 아름다운 것을 찾아내려고 한 미술가가 아침 일찍 집을 떠났다. 맨 처음으로 만난 이는 목사였는데 그에게 "세상에서 제일 아름다운 것이 무엇입니까?"라고 물었다. 목사는 서슴지 않고 "신앙이 제일입니다. 하나님을 예배하고 있는 예배당으로 가십시오. 그리하여 믿음을 통하여 용서와 희망을 발견한 이들의 얼굴을 보십시오. 그러면 세상에서 제일 아름다운 것이 신앙임을 발견하리이다"라고 대답하였다. 그 화가는 디음 주일에 교회 몇 곳과 성당을 찾아가 그들의 얼굴에서 신실함과 신앙의 아름다움을 발견했다. 그러나 그는 만족할 수 없었다.

하루는 훌륭한 집의 문 앞에 서 있는 신혼 신부를 보았다. 화가의 물음에 신부는 얼굴을 붉히며 "그거야 사랑이 제일 아름다운 것이지요"라고 말했다. 화가는 즉시 화구를 내려놓고 그의 아름다운 얼굴과 그 얼굴에 빛나는 사랑을 그렸다. 그러나 그의 마음은 아직도 만족되지 않았다.

그는 전쟁에서 돌아온 피곤한 모습의 군인을 만났다. 그의 얼굴은 상처투성이였고 그의 전신은 힘을 잃은 듯 보였다. 군인은 화가의 물음에 지체하지 않고 "평화가 세상에서 제일 아름다운 것입니다. 전쟁은 고약한 것입니다"라고 말했다. 그 화가는 일찍이 맹렬한 싸움이 있었던 전쟁터가 황금같이 익은 곡식으로 덮이고 농부들이 노래를 부르며 추수하는 장면을 그렸을 때 분명히 아름다웠음을 발견했다. 그러나 그는 아직도 그가 염원하는 아름다움을 그곳에서 찾지 못했다.

마침내 실망한 화가는 그의 집으로 돌아왔다. 그가 집으로 돌아오는 길에 그의 어린 자녀들은 그를 보고 달려와 두 팔로 목을 끌어안고, 돌아오는 아버지를 반겨 주었다. 그가 문을 열고 집안에 들어서자 아내는 따뜻한 웃음으로 그를 맞이해 주었다. 잠시 후에 그들은 식탁을 가운데 두고 둘러앉아 밖에서 무사히 돌아온 아버지를 위하여 하나님께 감사의 기도를 올렸다.

그의 아내와 자녀들의 얼굴에서 빛나는 사랑과 신앙과 평화를 볼 때, 그는 확실히 지금까지 그가 찾고 있던 것을 발견했다고 믿었다. 그는 이 세상에서 가장 아름다운 그림을 그리고 그것을 『가정』이라고 불렀다. 참으로 평화와 안위를 가져오는 사랑과 신앙의 참 가정을 가져본 이는 누구나 이것에 동감할 것이다.

망망한 바다 한가운데서 배 한 척이 침몰하게 되었습니다.
모두들 구명보트에 옮겨 탔지만 한 사람이 보이지 않았습니다.
절박한 표정으로 안절부절 못하던 성난 무리 앞에 급히 달려 나온 그 선원이
꼭 쥐고 있던 손바닥을 펴 보이며 말했습니다.
"모두들 나침반을 잊고 나왔기에… "
분명, 나침반이 없었다면 그들은 끝없이 바다 위를 표류할 수 밖에 없을 것입니다.

우리는 삶의 바다를 항해하는 모든 이들을 위하여
그 나침반의 역할을 하고 싶습니다.
우리를 구원하신 위대한 주 예수 그리스도를 널리 전하고 싶습니다.

"하나님은 모든 사람이 구원을 받으며
진리를 아는 데에 이르기를 원하시느니라"
(디모데전서 2장 4절)

힘을 다하여 **주님을 섬기라**
김장환 목사와 함께 / 주제별 설교 • 성경공부 • 예화 자료

발행처 | 나침반출판사
발행인 | 김용호

개정판 | 2021년 7월 15일

등   록 | 1980년 3월 18일 / 제 2-32호
본   사 | 07547 서울특별시 강서구 양천로 583
　　　　블루나인 비즈니스센터 B동 1607호
전   화 | 본사 (02) 2279-6321 / 영업부 (031) 932-3205
팩   스 | 본사 (02) 2275-6003 / 영업부 (031) 932-3207
홈   피 | www.nabook.net
이   멜 | nabook365@hanmail.net

ISBN 978-89-318-1620-4
책번호 마-1208

※이 책은 김장환 목사님의 설교 자료와
여러 자료를 정리 편집해 만들었습니다.

값은 뒤표지에 있습니다.